全国高等院校数字化课程规划教材

供中高职临床医学、护理、助产、医学检验技术、药学、卫生保健、康复治疗技术、口腔医学技术、医疗美容技术、中医学、医学影像技术等专业使用

美学基础

（第三版）

主　　编　田建丽　张　欣

副 主 编　张大玲　王清秀

编　　者（按姓氏汉语拼音排序）

李　青（承德医学院）

毛　犇（承德护理职业学院）

田建丽（承德医学院）

王清秀（武汉大学医学职业技术学院）

张　磊（宜宾卫生学校）

张　欣（南阳医学高等专科学校）

张大玲（皖西卫生职业学院）

科学出版社

北　京

内 容 简 介

本教材全面介绍了美学基础知识，包括美感、美的内容和形式、自然美、社会美、艺术美及医护美等内容，有助于提高医护人员及各行各业工作人员的美学修养。本教材在系统介绍美学基本知识的基础上，突出医护人员的美学素质培养，理论与实践兼备，内容生动，图文并茂，并配有 PPT 课件和相关图片等，方便教学。

本教材具有较强的理论性、新颖性与实用性，适合中高职临床医学、护理、助产、医学检验技术、药学、卫生保健、康复治疗技术、口腔医学技术、医疗美容技术、中医学、医学影像技术等专业使用。

图书在版编目 (CIP) 数据

美学基础 / 田建丽，张欣主编 . —3 版 . —北京：科学出版社，2018.5

全国高等院校数字化课程规划教材

ISBN 978-7-03-057150-2

Ⅰ. 美…　Ⅱ. ①田…　②张…　Ⅲ. 美学基础 – 高等学校 – 教材　Ⅳ. B83

中国版本图书馆 CIP 数据核字 (2018) 第 072625 号

责任编辑：张立丽　孙岩岩 / 责任校对：张凤琴

责任印制：赵　博 / 封面设计：金舵手

科学出版社 出版

北京东黄城根北街 16 号

邮政编码：100717

http://www.sciencep.com

北京汇瑞嘉合文化发展有限公司 印刷

科学出版社发行　各地新华书店经销

*

2003 年 8 月第　一　版　　开本：787×1092　1/16

2018 年 5 月第　三　版　　印张：8

2019 年 12 月第二十五次印刷　　字数：190 000

定价：38.00 元

（如有印装质量问题，我社负责调换）

前　言

为了更好地贯彻《国家中长期教育改革和发展规划纲要(2010—2020年)》和《高等职业教育创新发展行动计划（2015—2018年）》等文件精神，推动高等职业教育的发展，提高医护人员综合素养，教育部对高等职业学校专业教学标准有了新的要求，全国高职高专临床专业数字化课程建设工作广泛展开，对新一轮临床专业教材进行修订，《美学基础》即其中之一。

本教材以美学基本理论为构架，概念准确、内容丰富、结构严谨、层次明晰、图文并茂；并结合医护人员专业特点，呈现“美”在医护实践中的应用，旨在提高医护人员对美的本质和审美标准的认识，使其能正确地欣赏美和创造美。本教材内容包括绪论、美感、美的内容和形式、自然美、社会美、艺术美和医护美等七个章节，各个章节均设知识链接、自测题等，后附教学基本要求可为各院校教学使用时参考。

医护人员作为患者的守护神，应该具备合格的专业知识和操作技能，在为患者提供治疗与护理服务的同时，医护人员还应该具备完美的人格精神和必要的美学知识，为患者点亮真、善、美的明灯。“美学基础”是增强医护人员对美学基本理论、自然美、社会美、艺术美，尤其对人的美、医护美的审美认识和审美创造的素质教育课程，旨在培养学生的审美意识，激发学生的审美情感，全面提高医护专业学生的综合职业素质。

本教材的编者为来自教学一线的教育工作者，他们在编写过程中，参考了大量国内外有关美学方面的书籍和资料，借鉴并吸收了有关专家、学者的一些研究成果和学术观点，编写过程中得到了各位编者所在单位及科学出版社领导的支持与帮助，在此表示衷心的感谢！由于时间和水平有限，本教材难免会有疏漏与不妥之处，恳请各位同道与广大读者不吝斧正。

编　者

2018年1月

目　录

CONTENTS

第1章 绪　　论

美是人类生活永恒的主题，它千古生辉，激荡着人们的心灵。大千世界，美，琳琅满目，且无时无处不在被创造着。

人类除了物质的需求之外，还要有一种精神上的需求。人就是为了美妙的事物而存在的，也是为了欣赏美妙的事物而超越于万物的。人们也许会为了某一刻美妙怡人的感觉而心醉神迷，也许是源于他人的一声喝彩而勇往直前，也许是为了某一次的慷慨悲歌而痛哭流涕，也许是蚕蛹的破茧而出，发现了生命的可畏和美妙。这些庄严的、柔和的、平淡的、艳丽的、活泼的、沉静的美犹如甘露、犹如清泉，滋润着人们的心田，并在滋润中孕育着生机。美妙的事物在人们的心里生长着，生发出无穷的力量。

第1节　美的产生

人类对美的探讨可谓源远流长，自从人类通过生产劳动摆脱了动物的状态逐渐有了意识，人类就不再局限于动物本能的需求，而能够有意识地进行生产劳动，人类也因此开始了有意识的原始审美活动。人类最初的美学思想及审美观念也就在这时候产生了，美几乎和人类的历史一样古老。两千多年来，不少哲学家、美学家和文艺理论家为了揭开美的奥秘，曾从不同角度进行艰苦探索，提出了种种关于美的本质与特征的见解。

一　美的起源

考古学和艺术史告诉我们：人类自脱离动物以来就开始了审美欣赏和审美创造活动。从大量出土的原始工具中，我们可以清晰地看到人类审美创造从无到有的演变过程。

我国旧石器时代早期的石器还相当粗糙，器型很不规整，多为一器多用；旧石器中期的石器在形体上明显趋向光洁、规则，并富有秩序和韵律感，功能上开始分化；旧石器晚期和新石器时代，人类所制作的石器不仅在功能上高度分化，在选材和制作工艺上也表现出相当高的技巧和水平，而且根据用途定型化。这种从拙到精、从粗到细的不断追求过程，不仅是技术进步的结果，而且隐藏了人们追求非功利的视觉形式快感的审美意识和动机，已包含原始的审美内涵。在漫长的劳动实践过程中，人类创造了最初的精神产品——装饰品。人们利用兽的牙、骨及贝壳等进行雕磨、钻孔，以期创造并美化生活。

一 西方美学的形成与发展

在美学作为一门独立的学科诞生之前，美学研究一直都只是哲学的一个分支。古希腊早期的美学思想，大多依附于自然哲学，如毕达哥拉斯学派提出“美是和谐的”，他根据“数的原则”来剖析美。柏拉图最早对“什么是美”和“什么东西是美”两个不同性质的命题进行辨析。亚里士多德“美的整一”学说，肯定了现实生活中美的客观存在，并对艺术美的创造等问题作出了杰出的概括和总结，他的《诗学》是欧洲文艺美学的最早经典著作。

古罗马美学思想基本上是古希腊美学思想的延续。到了中世纪，欧洲的美学思想则陷入了漫长的停滞状态，美学沦为“神学的奴婢”。文艺复兴时期，美学由神学向人学转变，给美学思想的发展带来了巨大的活力和生机。到了17世纪，欧洲新兴资产阶级更加倾向人性的研究，着力探讨认识世界的主观心理条件。特别是德国哲学家莱布尼茨对于理性的研究，意大利美学家维柯对于想象的研究，英国美学家博克、休谟对于感官、情感、观念的研究，为美学学科的建立作了思想理论上的准备。

18世纪之后，随着欧洲工业革命的发展，与美学密切相关的哲学发生了认识论转向，为美学学科的建立提供了必要的历史条件。1750年，德国哲学家鲍姆嘉通根据希腊词语aesthetic命名他的《美学》一书。该书的出版标志着美学作为一门独立学科正式诞生，他本人也被誉为美学学科的创始人或“美学之父”。

知识链接

美学在西方的发展总体上来说大致经过了本体论、认识论和语言论三个发展阶段。在古代主要是一种本体论的美学；自笛卡儿以来的近代美学主要是一种认识论的美学；而19世纪末以来的现代美学则开始了“语言学”的转向，主要是一种语言论的美学。

19世纪中后期以来的美学可概括为两大主流：现代人本主义的美学和科学主义的美学。科学主义美学追求美学的精确、客观和科学可靠，如新自然主义的美学家托马斯·罗认为，美学不仅仅是作为一门纯粹的科学发展起来的，而且还是作为一种真正的技术发展起来的。它发展起来后，便对一种有限的领域中的技能进行科学的研究和指导。进而指出，美学就应该是一门自然科学，这种科学主义的价值取向是一部分现代美学体系的追求。而另外一些现代美学体系则从反对科学主义的思想出发，强调审美活动中主体的决定作用，追求审美的绝对自由和超越，用非理性因素来解释审美和艺术，凸显主体自身的个性和自由，表现出一种对现代科技理性的忧虑，体现出一种直接的人文关怀精神，形成了一股现代人本主义的美学思潮。

二 中国美学的形成与发展

中国美学思想的发展由来已久。早在两三千年前的奴隶制时代，人们已经开始关注一系列与美有关的问题。先秦时代的伍举、老子、孔子、孟子、庄子等从各自不同的哲学观点出发，对美学问题发表了自己的见解。如伍举强调美与善的联系、老子“大巧若拙，大美无言，大音希声，大象无形”的美学主张、孔子“尽善尽美”的美学观点等，都显示了先秦理性精神的成果。

魏晋时期，美与文艺不再只被看作善的附庸，人们开始重视它的独立价值。隋唐时代中国美学思想又重申美善统一，重视审美、艺术的教化作用，积极发挥先秦儒家美学思想中有生命力的东西。晚唐至明朝中叶，中国美学思想又同佛教中的禅宗结合起来，形成一种重视内心体验、否定外在政治伦理束缚的美学思想。宋代这种美学思潮演变为对天然平淡之美的追求，寻求“羚羊挂角，无迹可求”的空灵。从明中叶到戊戌变法，美学思想更为推崇纯真自然之美，力求艺术独创，任性而发，强调美与实用狭隘功利的不同，并且依然重视审美心理的考察与探索，但是终因中国传统美学思想的强固保守而没有更大的发展。

从先秦到清末，中国对美的思考多散见于哲学、伦理学、政治学、教育学、文艺理论等著作中，始终未形成独立的系统学科，这种情况直到近代的王国维、蔡元培系统介绍西方美学之后才有所改观。中国有着美的汪洋大海，但“美学”却是一个舶来品。“美学”一词在中国的最早出现，就是一些传教士在中国传教活动中开始使用的。王国维是中国现代美学的奠基人，他的名作《红楼梦评论》可以说是中国现代美学史上第一篇符合西方美学标准的论文。王国维在1902年翻译日本学者牧赖五一郎的《教育学教科书》《哲学概论》时使用了“美学”“审美”“美育”等词。

19世纪末到20世纪上半期，中国与西方美学思想有了接触，形成了中国现代美学的草创时期。这个阶段王国维、梁启超和蔡元培可以说是中国现代美学的共同开创者。20世纪30年代以来，中国的美学得到了进一步发展。著名美学家宗白华、朱光潜翻译、介绍了很多西方的美学思想，同时也提出了他们自己的美学主张，如“艺术意境理论”和“情趣意象化”等早期美学思想。

五四运动之后，一些进步的知识分子如瞿秋白、鲁迅等，开始翻译介绍马克思主义美学著作，扩大了马克思主义美学的影响。中国最早的马克思主义者之一陈望道在20世纪20年代曾经撰写过《美学概论》《美学纲要》《美感的快感与非美感的快感》等作品，在这些作品中都比较自觉地运用马克思主义观点来研究美学问题。1942年毛泽东发表了《在延安文艺座谈会上的讲话》，提出了中国式马克思主义美学思想的一系列基本主张，在解放区进而在全中国产生了重大的影响。

中华人民共和国成立以来，我国的美学事业曲折地向前发展。中华人民共和国成立之初，美学深受苏联模式的影响，美学研究表现出某种机械的唯物史观和僵化的阶级对立论思想。在20世纪五六十年代，兴起了一场美学大讨论，形成了以蔡仪为代表的客观派，以吕荧、高尔泰为代表的主观派、以朱光潜为代表的主客观统一派和以李泽厚为代表的客观性和社会性统一这样四大派美学。“文化大革命”期间由于“四人帮”专制统治，美学的研究停滞甚至倒退。

十一届三中全会后，随着改革开放和经济的发展，美学空前活跃，美学研究也向纵深发展。20世纪80年代以来，上述四大美学学派都有所发展和丰富。相对来说，以李泽厚为代表的美学派形成了在80年代影响最大的一个美学流派：实践美学。20世纪末以来，随着中国社会主义市场经济的建设和发展，人们的美学视野更加开阔，人们在反思以往美学建设的经验和教训的过程中，开始比较自觉地进行美学学科的建设和完善，有些美学家开始建构新的美学观，取得了一定的成果。其中，蒋孔阳以实践论为基础、创造论为核心的审美关系理论在20世纪90年代得到较充分的展开，对各派美学之长作了多方汲取与综合，在坚持美是人的本质力量的对象化的基础上，提出“美是自由的形象”“多层积累的突创”等新观念。他的《美学新论》是这一时期中国美学的重要收获。

可以说，中国现代美学是在西方美学思想影响下产生和发展的。中西文化的碰撞、融合既是中国现代美学产生、发展的文化背景，又是中国现代美学理论建构的思想源泉。西方美学理论带给我们很多启示和丰富的思想营养，但是西方美学理论是西方文化的结晶，并不是通过简单的模仿和照搬就可以用于我国的美学理论构建与美学实践过程的。美学不是揭示自然的客观规律，而是揭示人的精神和情感世界，文化不同，人们的思维方式、生活方式、价值取向、审美心理、终极关怀等人文精神也是很不一样的。因此，构建中国特色的美学理论必须扎根于中国的文化土壤，从西方美学乃至其他民族美学中汲取异质因素，并与中国固有的优良传统融合，只有这样才能更好地发展与创新美学的内容。

知识链接

汉语中，“美”字最早见于殷代的甲骨文。东汉时代的许慎在《说文解字》中解释说：“美，甘也。从羊从大，羊在六畜主给膳也。”徐铉注释说：“羊大则美，故从大。”可见古代美与善同义。在殷墟卜辞的甲骨文中，美、羊、大的写法都与《说文解字》中的写法相同。《说文解字》羌下云：“大，人也。”大部又云：“大象人形。”所以“羊大为美”也就是“羊人为美”。最近有的研究者认为，“美”就是以羊头或羊角为装饰的人，也有人把“美”解释为“像头上戴羽毛装饰如雉尾之类的舞人之形”。这两种说法都表明，“美”字是古代巫师化装跳舞的象形字，说明了“美”的本义在于从事物的众多含义中显示出外观形式的美丽、美观的意义。

第3节 美　育

美育可以培养学生健康的审美观，发展学生鉴赏美和创造美的能力。人们通过各种艺术以及自然界和社会生活中美好的事物来进行美育。在人的全面发展教育中，美育占有重要的地位。

一 美育的概念

美育，又称审美教育或美感教育。即通过培养人们认识美、体验美、感受美、欣赏美和创造美的能力，从而使我们具有美的理想、美的情操、美的品格和美的素养。狭义的美育，极端的定义是认为美育专指“艺术教育”。一般的定义是认为美育指“美感教育”“审美教育”“审美观”和“美学素养教育”等。广义的美育，是指将美学原则渗透于各科教学后形成的教育。

美育的概念由狭义到广义的过程，反映出美学由形式美育走向了实质美育的变化。所谓“形式美育”是指以培养对象的审美素养（如审美观、欣赏美和创造美的能力等）为目标的教育活动。而“实质美育”则以上述目标为手段，追求美育的精神实质、人生的美学趣味和教育的审美境界。强调美育对人生的促进美化功能已成为现代美育的核心。美育概念在从狭义走向广义的同时，也实现了由形式向实质的革命。

二 美育的内容

美育按照美的标准培养人的形象化情感教育。美育的内容主要包括美感教育、美学知识教育和学科美育等。

美感教育是指运用美的规律，通过审美实践训练，强化人的感知、想象、情感、理解等心理能力，健全学生的审美心理结构，培养学生敏锐的审美能力和审美创造力。美学知识教育主要是开展美学原理等方面的教育，从而提高学生的审美情趣和美学修养，帮助其树立正确的审美观念和审美理想。学科美育是在教学活动中，应用美学知识指导学科实践，将枯燥的理论变为美好的形象，将教师单纯的知识灌输变成师生间的积极互动、平等交流。通过美育三个方面内容的相互影响和促进，造就一代具有敏锐的感受力、丰富的个性、高尚的审美品德以及爱好广泛、技能卓越的专业人才。

三　美育的原则

美育的主要原则：①思想性和艺术性相结合。把革命的思想性和完美的艺术性紧密地结合起来。②美育内容和实际生活相结合。美育的内容须富有生活气息，并渗透到学校全部生活中。③情绪体验和逻辑思维相结合。使学生在感受美和享受美的过程中，焕发高尚的情感，使学生通过逻辑思维来分析作品，加深他们对生活的认识。④艺术内容与表现方法的统一。既要使学生钻研艺术内容，加深理解；又要使他们了解艺术的表现方法，掌握表现的技能、技巧。⑤统一要求和因材施教相结合。要使学生学习绘画、唱歌和其他艺术，有一般的艺术修养；也要适应学生艺术才能和兴趣的不同，因材施教。

四　美育的任务

我国社会主义学校的美育是为建设社会主义精神文明和培养学生心灵美、行为美而服务的。通过美育可以促进学生的德、智、体的发展，可以提高学生思想水平，陶冶学生道德情操，可以丰富学生知识，发展学生智力，可以增进学生的身心健康，提高体育运动的质量，可以鼓舞学生热爱劳动、热爱劳动人民，并进行创造性的劳动。

美育的主要任务包括：①培养和提高学生感受现实美和艺术美的能力。包括培养学生充分感受自然界的美，培养学生对社会美的正确观点和感受社会美的能力，培养学生感受艺术美的能力等。②培养和提高学生鉴赏美的能力。使学生具有正确理解和善于欣赏现实美和艺术美的知识与能力，形成他们对于美和艺术的爱好。③培养和提高学生表现美、创造美的能力。要使学生学会按照美的法则影响生活，把美体现在生活、劳动和其他行动中，养成他们美化环境及生活的能力和习惯。④培养和提高学生追求人生趣味和理想境界的能力。美育不是一般的艺术教育和情感教育，而是关系人的精神世界水平的教育，美育的目的是要全方位地培养人。

五　美育的发展简史

（一）古代中西方的美育

在中国，刚刚摆脱原始社会的野蛮状态而进入古代文明的西周奴隶制社会，便有周公“制礼作乐”，礼是伦理关系的规范、仪式，乐是包括诗、歌、舞在内的综合体艺术，礼乐结合，既是治理国家的法律、制度，又是进行教育的方式。到春秋末期的孔子，把教育从国家政治生活中独立出来，创立了古代教育体系。他以“六艺”——礼、乐、书、数、射、御教授弟子。乐，实际上就是专门的美育课。孔子结合音乐、诗歌、舞蹈等艺术门类发挥了他的美育思想，奠定了中国古代美育的思想基础，并在两千年的封建社会中形成了中国的美育传统。

在西方，也是从奴隶社会开始就产生了很卓越的美育思想。古希腊的哲人苏格拉底、柏拉图、亚里士多德等，都规定教育的内容不仅要有哲学、科学、道德、体育，而且要有美育。

音乐教育尤其受到柏拉图的重视，以音乐作为滋养、浸润心灵，使性格变得高尚、优美的必修课。西方社会进入封建中世纪，宗教神学家把古希腊罗马的教育内容归结为“七艺”，即文法、修辞、辩证法、算术、几何、音乐、天文，并贯彻到宗教学校教育中。可以看出，西方古代美育课在教育的全部课程中所占比例，要比中国小得多，但始终没有中断美育，这和中国是一样的。以上说明，中西方的古代教育传统中，虽然都没有提出“美育”，没有建立美育的独立体系，但在整个教育中始终都包含着美育的内容，都是一种德智体美的全面教育。

（二）近代中西方的美育

随着美学学科体系的建立，到了西方近代，美育找到了自己的理想归属。“美育”概念的提出，标志着它并不完全从属于道德教育或科学教育，而有自己的特殊性质和特殊规律。以席勒为代表的近代资产阶级美育思想，之所以不同于古代，不仅在于它具有不同的历史内容，还在于它对美育自身价值的认识大大前进了一步。席勒用书信体写成的重要美学著作——《美育书简》，已经不限于教育的角度，而是从变革社会、实现人性复归这样更广阔的范围论述美育的。席勒美育思想，对中国近代美育思想的发展产生过巨大的影响。在中国近代，最早把“美育”介绍到中国的是王国维（图 1-1），而真正倡导美育并建立中国近代美育体系的人是蔡元培（图 1-2）。蔡元培把康德、席勒美育思想与中国“礼乐相济”的传统融会贯通，从资产阶级民主主义立场出发，进行了充分的发挥，有力地反对了封建专制主义和宗教愚昧主义教育旧传统，为中国近代美育体系的建设作出了卓越的贡献。

图 1-1　王国维

图 1-2　蔡元培

蔡元培在《教育大辞书》的美育条目中说：“美育者，应用美学之理论于教育，以陶养感情为目的者也。”这个定义概括了美育与美学和教育的关系，但是并没有明确美育的特殊性质，容易使人误认为美育就是美学教育。而美学教育是实施美育的必要条件，却不是美育本身。因为美学教育乃是美学理论、美学知识的教育，它与以抽象的概念、范畴为媒介，以理服人的一般理论、知识教育没有什么本质区别，而美育则是以感性的形象体系为媒介、以情感为特征的。虽然这个定义指出了“以陶养感情为目的”，但美学理论如何能陶养感情，却缺少严密的逻辑说明，且又因果关系含混不清。当时的美育完全从属于德育，因此在教育上没有必要单独立一项美育方针。这是一种历史的局限，而今天人们的认识早已突破了这种历史的局限。

当代中国的美育不仅能提高道德情操，而且也能促进智力、体力的健康发展，培养想象力、创造力，这是道德目的所涵盖不了的。美育虽然表现为一种感性活动过程，但在客体的感性形式中溶解着理性的社会内容，在主体的感性直观中历史地积淀着人类的理性能力，它以一种独特的方式进行德智体美的全面教育。

自 测 题

一、单项选择题

1. 最早谈论到美的问题的是（　　）
   A. 柏拉图　　B. 毕达哥拉斯学派
   C. 亚里士多德　　D. 鲍姆嘉通
2. 提出"尽善尽美"美学观点的是（　　）
   A. 伍举　　B. 老子
   C. 孔子　　D. 孟子
3. 美育的内容不包括（　　）
   A. 美感教育　　B. 美学知识教育
   C. 法律教育　　D. 学科美育
4. 美的本质是"主观客观统一论"的代表人物是（　　）
   A. 朱光潜　　B. 高尔泰
   C. 蔡仪　　D. 李泽厚

二、判断题

1. 广义的美育是指将美学原则渗透于各科教学后形成的教育。（　　）
2. 中国当代美学家关于美的本质的观点中"主观论"的代表人物是蔡仪。（　　）
3. 柏拉图认为"自由的、自觉的活动"是人与动物活动的本质区别。（　　）
4. 马克思主义认为，美是人的本质力量的对象化，美既有自然属性，又有社会属性，是自然属性和社会属性的辩证统一。（　　）
5. 构建中国特色的美学理论必须扎根于中国的文化土壤，从西方美学乃至其他民族美学中汲取异质因素，与中国固有的优良传统相结合。（　　）
6. 在中国，真正倡导美育并建立中国近代美育体系的人是王国维。（　　）

三、简答题

1. 简述美的本质。
2. 简述美育的主要任务。

（田建丽）

图 2-4 凡·高《星夜》

的印象……最使我关心的是懂趣味的人的意见，关于我的衰老的欧米艾尔，我很高兴能博得他们的好评。”

其次，表现在审美感受的细致和深入上。对于自然美的欣赏，更加注重欣赏自然物的内在特点和内在生气，注重审美主体和审美客体之间的有机交融。魏晋时期，人们对自然物“畅神”的审美观盛行起来，审美主体在“心领神会”“物我交融”的审美状态中，摆脱了道德的、人格的和功利的指射，得到了情感的抒发和精神的愉悦，使得美感走向了更深入、更纯粹的境界。例如，“性本爱丘山”的陶渊明，在官场上不为五斗米折腰，却在重返自然后为一抹风景而心畅神驰：“采菊东篱下，悠然见南山。山气日夕佳，飞鸟相与还。此中有真意，欲辨已忘言。”（《饮酒·其五》）

社会飞速发展，时代日新月异。到了 20 世纪，人们的审美意识在整个文化领域表现出了鲜明的反传统倾向。“现代派”的艺术家们，往往独出心裁、标新立异，用夸张、荒诞、扭曲甚至虚幻的艺术形式表达自己的内心世界，关怀人类的生存困境。这些需要一定知识背景和文化素养才能理解的艺术，既刷新了人类的审美趣味、审美感受，也从另一角度提高了人们的审美能力。例如，荷兰画家凡·高的作品《星夜》（图 2-4），是一幅既亲近又茫远的风景画，描绘的是一种幻象，凡·高用标新立异、超自然的笔触，来获得超感觉的体验。

当代社会，人们对日常生活的审美追求日趋显著，艺术形式也不断出新，人们的美感素养也大大提高，美感活动更加广泛、紧密地与人类联系在一起。这些都表明，人们的审美意识不会局限、满足于已有的形式和内容，它必然随着人类社会实践的发展，出现更多、更新、更丰富的内容和形态。

总之，美感的产生与发展是建立在人类生产劳动的社会实践基础之上的，社会实践是美感的根本来源，同时，美感的发展也受到社会实践的制约，经历了一个从不自觉到自觉、从简单到复杂、从实用到审美、从狭窄到广阔、从粗略肤浅到细致深入的不断发展丰富的过程。

三 美感的差异性和共同性

美感是整个社会历史发展的产物，且随着社会政治、经济、文化等各种因素的影响，不断发展、变化、丰富。因此，它在不同历史时期便呈现出相应的时代性、民族性和个体性，这些都构成了美感的差异性，当然，其中也有共同性。

美感的时代性，是指人们的审美意识随着时代的不同而有所差异。不同的社会环境、文化思潮、生活经历等，造成了不同的审美能力、审美趣味和审美倾向，对同一对象也会产生不同的审美感受。例如，宋代苏轼在《孙莘老求墨妙亭诗》中说道：“杜陵评书贵瘦硬，此论未公吾不凭。短长肥瘦各有态，玉环飞燕谁敢憎。”其中，玉环指的是唐玄宗贵妃杨玉环（图 2-5），珠圆玉润、风韵秀彻；飞燕是指的汉成帝皇后赵飞燕（图 2-6），纤便轻细、举止翩然。在历史上汉代以瘦为美，唐代以肥为美，“环肥燕瘦”的说法便由此而来。

美感的民族性，是指人们的审美意识因民族的不同也有所差异。任何民族都有其独特的生活方式、文化传统和各自的民族心理、民族习惯，因此，审美感受也存在民族性的差异。例如，在面对一幅泼墨山水画时，中国人会觉得它很美，意境幽远；外国人可能就不会觉得它美，因为国外的绘画讲究形似，而中国的绘画则讲究神似，这与外国人的审美需求不合。尽管美感具有民族性的差异，但是却构成了人类社会审美活动的丰富多彩。

图 2-5 杨玉环

图 2-6 赵飞燕

美感的个体性，是指人们的审美意识因人而异。由于审美个体先天的生理素质、性格特点、气质禀赋各不相同，后天的生活环境、文化修养、职业特征等也各有差异，所以，审美个体的审美感受、审美趣味和审美倾向也不尽相同。例如，中秋赏月、合家团圆时，会觉得“月到中秋分外明”，内心充满喜悦感；倘若离乡背井、孤身一人，中秋的圆月只会激起人的思乡之情，从而倍增伤感，“不应有恨，何事长向别时圆”。此外，即使是同一个人，在不同的年龄阶段，美感也存在差异。例如，少年时，觉得波澜壮阔是美；年老时，觉得细水长流是美。

尽管时代性、民族性、个体性构成了美感的差异性，但是，美感也具有共同性。孟子说：“口之于味也，有同嗜焉。”不同时代、民族的人在对某些自然景物、社会现象和文艺作品等会产生共同的美感，美感的共同性往往同它的时代性、民族性、个体性相互渗透。主要原因在于：首先，人类的生理结构、机制和心理活动的规律大致相同，尤其是感受美的感官和神经系统相同；其次，人类在社会实践中，不断创造并积淀历史文明，建构了人类社会相对普遍的心理结构（尤其是同一国家同一民族内部）；最后，形式美感的共同性最具典型性和代表性。形式美感，指的是对形式美的构成要素和法则等的美感要求，是从社会实践中高度抽象概括出来的，较少受到时代、民族和地域的影响，因此，往往是人们共同的审美趣味范畴。例如，红色，在中国人的审美趣味中，已经从美的内容中脱离出来，本身已成为一种具有独立审美价值的美，对于中国人而言，只要一说到红色，给人的审美感受都是象征着喜庆、热情、奔放、活力。

知识链接

我们对于一棵古松的三种态度（节选）

朱光潜

假如你是一位木商，我是一位植物学家，另外一位朋友是画家，三人同时来看这棵古松。我们三人可以说同时都“知觉”到这一棵树，可是三人所“知觉”到的却是三种不同的东西。你脱离不了你的木商的心习，你所知觉到的只是一棵做某事用值几多钱的木料。我也脱离不了我的植物学家的心习，我所知觉到的只是一棵叶为针状、果为球状、四季常青的显花植物。我们的朋友——画家——什么事都不管，只管审美，他所知觉到的只是一棵苍翠劲拔的古树。我们三人的反应态度也不一致。你心里盘算它是宜于架屋或是制器，思量怎样去买它，砍它，运它。我把它归到某类某科里去，注意它和其他松树的异点，思量它何以活得这样老。我们的朋友却不这样东想西想，他只在聚精会神地观赏它的苍翠的颜色，它的盘屈如龙蛇的线纹以及它的昂然高举、不受屈挠的气概。

美也是如此。有审美的眼睛才能见到美。这棵古松对于我们的画画的朋友是美的，因为他去看它时就抱了美感的态度。你和我如果也想见到它的美，你须得把你那种木商的实用的态度丢开，我须得把植物学家的科学的态度丢开，专持美感的态度去看它。

第2节　美感的概念与特征

一　美感是什么

"美感"和"美"一样，词意含混而多义。人们一般将美感分为狭义的美感和广义的美感。狭义的美感，指的是具体的审美感受，即审美主体对于审美客体所产生的美的主观体验或心理反应；广义的美感，指的是审美意识，即审美主体所反映的审美意识的各个方面和各种表现形态，包括审美能力、审美趣味、审美理想、审美态度和审美感受等。其中，审美感受是审美意识的核心，也是审美意识中最基本、最主要的形式。

二　美感的实质

（一）美感与美

美感与美都来源于人类社会实践。美是客观事物的审美属性，是客观的、普遍存在的；而美感则是以美的存在为前提条件的，是对美的事物的能动反映，形式上是主观的，内容上是客观的，它只存在于人类所特有的审美活动中。

（二）美感是体验

美感是接触到美的事物时引起的一种心理感受，是一种赏心悦目的心理状态，是对美的认识、欣赏和评价，这是一个体验的过程。例如，马致远的小令《秋思》："枯藤老树昏鸦，小桥流水人家，古道西风瘦马，夕阳西下，断肠人在天涯。"这首小令的诗意就在于通过美感的体验性表达了一种萧瑟悲凉的情境。藤之枯、树之老、鸦之昏、桥之小、道之古等，与漂泊天涯的过客的凄苦融合成了一个审美意象的整体。因此，美感不是认识，而是体验，美感是与人的生命和人生紧密相连的，是不能脱离人的生命和人生而孤立地把事物作为物质对象来研究的。

（三）美感伴随着移情

移情是主客融合，物我同一。朱光潜先生在《西方美学史》中给移情下的定义是："它就是人在观察外界事物时，设身处在事物的境地，把原来没有生命的东西看成有生命的东西，仿佛它也有感觉、思想、情感、意志和活动，同时，人自己也受到对事物的这种错觉的影响，多少和事物发生同情和共鸣。”例如，《庄子·秋水篇》讲了一个故事：庄子与惠子游于濠梁之上，庄子曰：“鯈鱼出游从容，是鱼之乐也。”惠子曰：“子非鱼，安知鱼之乐？”庄子曰：“子非我，安知我不知鱼之乐？”庄子不是鱼，但是根据自身经验，推己及物、设身处地地认为鯈鱼很快乐。庄子拿“乐”形容鱼的心境，其实不过是把自己“乐”的心境外射到鱼身上，这种心理活动就是移情。什么是美感呢？美感就是我们在欣赏自然美、社会美或艺术美时的心理活动。例如，在春光明媚、风和日丽的时节，欣赏公园里盛开的五颜六色的花儿，时而觉得某一朵花在向阳带笑，时而聆听到某一只鸟的歌声清脆悦耳，心中恍然有所悟。因此，美感伴随着移情。

（四）美感不同于快感

美感是一种精神享受，这种精神的愉悦，从广义上来说，当然也是一种快感，但是我们平常所说的快感主要是指生理快感，美感是一种高级的精神愉悦，它和生理快感是不同的。正如格兰亚伦所说，美感只限于耳、目两种“高等感官”，而舌、鼻、皮肤等“低等感官”则不能发生美感。

但是，我们不能把生理快感和美感的区别加以绝对化。首先，人的美感，主要依赖于视、听两种感官，这两种感官在引发美感的同时，也引发一种生理性的快感，它们混杂在一起，在这种情况下，美感往往是精神愉悦和生理快感的复合体；其次，除了视听感官，其他感官获得的快感，有时也可以渗透到美感之中，有时还可以转化为美感或加强美感。例如，“疏影横斜水清浅，暗香浮动月黄昏”（林逋《山园小梅》）这句诗描绘的美感中就渗透着嗅觉的快感。

三 美感的特征

（一）直觉性

美学大师李泽厚曾说：“大家都有这种美感经验，无论是观赏梅花也好，看京剧也好，并不是先通过一大段理智的考虑才来决定，是不是应该欣赏它，是不是应该产生美感；恰恰相反，而是根本没有来得及考虑、推理，而立刻感到对象的美或不美，甚至还一时说不出个道理来。”由此可见，美感具有直觉经验，它是审美主体对美的事物的一种不假思索并在瞬间达成的领悟和把握。例如，当我们看到巍峨的山峰、辽阔的大海时，会瞬间被它们吸引，发出美的感慨，这就是美感的直觉性。美感的直觉性包含两层意思。

第一，指审美感受的直接性、直观性，即对美的感受必须由审美主体亲自去体验，它不像学习、领会道理那样可以通过间接的方式去获取，而只能用眼去看、用耳去听，让身心直接面对审美对象。例如，领略自然风光，“百闻不如一见”，亲临自然景区所获得的直接的审美体验是任何他人描述和风光影片所不能替代的。欣赏者总是在不知不觉中被美的事物所感染，从而获得了美的体验和享受。

第二，审美感受的瞬间生成性。审美不必借助抽象思考、逻辑推理，无须深思熟虑，就能得到美的享受，精神上得到刹那间的舒畅、愉悦。例如，当班得瑞的《寂静山林》在耳边响起，我们或许还来不及思索什么，整个心情就已经被优美的乐曲带走，不知不觉陶醉其中。

“操千曲而后晓声，观千剑而后识器”，美感的直觉性还包含着理性的内容。从表面上看，审美的一刹那来不及思考辨别，似乎没有任何理性因素，但实际上，审美感受是人们长期以来审美经验积累的结果，以人们对某些审美对象早有的思考和理解为基础和前提的，只不过以直觉的方式呈现出来。

（二）愉悦性

愉悦性是美感的最明显的特征，是美感心理形成的总体效应。美感的愉悦性指的是在审美活动中，审美主体被审美对象深深感染的时候，产生的一种主观的愉悦感情色彩。刘勰在《文心雕龙·神思》中曾说："登山则情满于山，观海则意溢于海。" 人们在审美活动中，总是充满感情色彩的，没有情感上的愉悦，美感和美就无从谈起。

面对美的事物，个体的愉悦性呈现出一种逐渐深化的过程，即"悦耳悦目""悦心悦意""悦志悦神"。悦耳悦目指的是人的耳目感到快乐。例如，唐代大诗人李白脍炙人口的诗作《望庐山瀑布》中的"飞流直下三千尺，疑是银河落九天"，庐山的瀑布，在李白看来，悦耳悦目。悦心悦意指的是通过耳目，愉悦走向内在心灵。李泽厚在《意境杂谈》中曾说："看齐白石的画，感到的不仅是草木鱼虫，而能唤起那种清新放浪的春天般的生活快慰和喜悦；听柴可夫斯基的音乐，感到的不只是交响乐，而是听到那种如托尔斯泰所说的：'俄罗斯的眼泪和苦难'，那种动人心魄的生命的哀伤。也正因为这样，你才可能对着这些看来似无意义的草木鱼虫和音乐，而低回流连不能去了。读一首诗、看一幅画、听一段交响乐，常常是通过有限的感知形象，不自觉地感受到某些更深远的东西，从有限的、偶然的、具体的诉诸感官视听的形象中，领悟到那日常生活的无限的、内在的内容，从而提高我们的心意境界。"可见，悦心悦意是从感官快速上升到全身心的愉悦的美感享受，类似我们通常所说的"只可意会，不可言传"的美感体验。悦神悦志是审美愉悦的最高层次，是在道德的基础上达到某种超道德的人生感性境界，它能对人们的意志、毅力、志气进行陶冶和培育，还能激发人们在情感和心灵深深震撼后的神圣感、庄严感和崇高感。例如，暴风骤雨、狂涛巨浪、险峰峻岭、无垠沙漠……在具有一定文化教养的人们眼里，都可以唤起悦神悦志的审美愉悦。因此，悦神悦志不只是耳目器官，也不只是心意情感的感受理解，而且还是整个生命和存在的全部投入。大自然之所以令人魂销骨蚀，便在于此。

（三）超越性

超越性是美感的重要特征。这种超越是对"自我的超越"，是对个人生命的有限存在和有限意义的超越，是一种精神上的超越。

超越就是超越"自我"的有限性。人的生命是有限的，存在是暂时的，但是人在精神上却有一种趋向无限和永恒的要求，所以，超越是人的本性。例如，孔子在《论语·子罕》中说道："子在川上曰：逝者如斯夫！不舍昼夜。"表达了对生的执着，对存在的领悟和对生命的感受。孔子把个体生命投入到宇宙的大生命中，从而超越个体生命存在的有限性和暂时性，这就是美感的超越性。

美感的这种超越性使人获得一种精神上的自由感和解放感。康德说："诗使人的心灵感到自己的功能是自由的。"黑格尔说："审美带有令人解放的性质。"人局限在"自我"的牢笼中，不可能有真正的自由。美感超越"自我"，人在精神上就能得到真正的自由。回想朱自清的《荷塘月色》中说道："这一片天地好像是我的；我也像超出了平常的自己，到了另一个世界里。我爱热闹，也爱冷静；爱群居，也爱独处。像今晚上，一个人在这苍茫的月下，什么都可以想，什么都可以不想，便觉是个自由的人。白天里一定要做的事，一定要说的话，现在都可不理。这是独处的妙处，我且受用这无边的荷香月色好了。”月色下的荷塘，正是作者超越自我，回到万物一体的精神家园，而在心灵深处产生的满足感和幸福感，是人在物我交融的境域中和整个宇宙的共鸣。

（四）创造性

创造性也是美感的重要特征。美感的核心是生成一个意象世界，这个意象世界是“情”与“景”的契合。朱光潜在谈审美活动中说道：“美感经验就是形象的直觉。这里所谓‘形象’，并非天生自在一成不变的，在那里让我们用直觉去领会它，像一块石头在地上让人一伸手即拾起似的。它是观赏者的性格和情趣的返照。观赏者的性格和情趣随人随时随地不同，直觉所得的形象也因而千变万化。比如古松长在园里，看来虽似一件东西，所现的形象却随人随时随地而异。我眼中所见到的古松和你眼中所见到的不同，和另一个人所见到的又不同。所以那棵古松就呈现形象说，并不是一件唯一无二的固定的东西。我们各个人所直觉到的并不是一棵固定的古松，而是它所现的形象。这个形象一半是古松所呈现的，也有一半是观赏者本人当时的性格和情趣而外射出去的。直觉是突然间心里见到一个形象或者意象，其实就是创造，形象便是创造成的艺术。因此，我们说美感经验是形象的直觉，就无异于说它是艺术的创造。”由此可见，审美意象是在情感与想象的相互渗透中孕育而成的。审美意象是“情”与“景”的融合，情感与想象的融合，这就是美感的创造性。例如，同样是秋天，毛泽东眼里的秋天是“万山红遍，层林尽染；漫江碧透，百舸争流。鹰击长空，鱼翔浅底，万类霜天竞自由”。杜甫眼里的秋天则是“风急天高猿啸哀，渚清沙白鸟飞回。无边落木萧萧下，不尽长江滚滚来”。

知识链接

“慢慢走，欣赏啊！”（节选）——人生的艺术化

朱光潜

艺术是情趣的活动，艺术的生活也就是情趣丰富的生活。人可以分为两种，一种是情趣丰富的，对于许多事物都觉得有趣味，而且到处寻求享受这种趣味；一种是情趣干枯的，对于许多事物都觉得没有趣味，也不去寻求趣味，只终日拼命和蝇蛆在一块争温饱。后者是俗人，前者就是艺术家。情趣越丰富，生活也越美满，所谓人生的艺术化就是人生的情趣化。“觉得有趣味”就是欣赏。你是否知道生活，就看你对于许多事物能否欣赏。阿尔卑斯山谷中有一条大汽车路，两旁景物极美，路上插着一个标语牌劝告游人说：“慢慢走，欣赏啊！”许多人在这车如流水马如龙的世界过活，恰如在阿尔卑斯山谷中乘汽车兜风，匆匆忙忙地急驰而过，无暇一回首流连风景，于是这丰富华丽的世界便成为一个了无生趣的囚牢。这是一件多么可惋惜的事啊！朋友，在告别之前，我采用阿尔卑斯山路上的标语，在中国人告别习用语之下加上三个字奉赠：“慢慢走，欣赏啊！”

第3节 美感的心理学因素

美感作为审美主体对审美客体的感受，是一系列因素相互渗透、相互作用的结果。下面谈谈美感的几种主要心理要素。

概念，而必须保持其完整的感性形象。在审美欣赏和审美创造过程中，理解因素必然表现为既超乎感性又始终不脱离感性，而是积淀在感性之中，与想象和情感水乳交融，无法分解。例如，李白在《玉阶怨》中写道：“玉阶生白露，夜久侵罗袜。却下水晶帘，玲珑望秋月。”后人称誉为“无一字言怨而隐然幽怨之意，见于言外”，正是因为作者没有用概念性的语言来描写思妇的哀怨之情，而是用一系列富有表现力的感性形象，进而把抒情主人公的内在情感细腻传神地表达出来了。

其次，审美理解具有多义性的特点，即“意味无穷”。例如，晚唐诗人李商隐的无题诗具有“朦胧”的特点，旨意隐秘，可作多种解读。如“相见时难别亦难，东风无力百花残。春蚕到死丝方尽，蜡炬成灰泪始干。晓镜但愁云鬓改，夜吟应觉月光寒。蓬山此去无多路，青鸟殷勤为探看”，对于这首诗的解读，历来众说纷纭，莫衷一是。有人认为是歌颂两情相悦、至死不渝的爱情，有人认为是表达聚少离多、变幻莫测的人生况味，似乎都言之有理，但又缺乏确凿的证据，着实“言有尽而意无穷”。

尽管“一千个人眼里有一千个哈姆雷特”，但这并不意味着审美理解是一个主观任意性的活动。因为审美客体必然具有自身的规定性，这种规定性在一定意义上决定了审美主体的思考和理解方向。当然，即便如此，审美理解的多义性现象也是无法从根本上避免的，因为不同的审美主体必然有不同的视域，也就必然形成对作品的不同理解；不仅如此，随着审美主体个人修养和阅历等的变化，其审美理解也在不断变化，因而，同一审美主体对于同一个审美客体也会形成不同的理解。

总而言之，美感就是以上这些心理因素综合交错的矛盾统一体。它们既有各自独特的心理功能，又彼此相互依赖、渗透，密不可分，不能独立存在。如果感知没有了想象和理解的参与，就会失去审美判断的能力；如果想象中没有情感和理解的参与，就会成为胡思乱想；如果情感没有想象和理解的参与，就会成为简单的欲望发泄；如果理解没有情感和想象的参与，就会失去感性的特征，审美就会变成概念描述和逻辑推理。总之，美感的这些心理因素积极的调整和组合，才能形成和谐的、愉悦的美感活动。

知识链接

美从何处寻（节选）

宗白华

王羲之在《兰亭集·序》里说：“仰观宇宙之大，俯察品类之盛，所以游目骋怀，足以极视听之娱，信可乐也。”这是东晋大书法家在寻找美的踪迹。他的书法传达了自然的美和精神的美。不仅是大宇宙，小小的事物也不可忽视。诗人华滋沃斯曾经说过：“一朵微小的花对于我可以唤起不能用眼泪表达出的那样深的思想。”达到这样的、深入的美感，发现这样深度的美，是要在主观心理方面具有条件和准备的。我们的感情是要经过一番洗涤，克服了小己的私欲和利害计较。矿石商人仅只看到矿石的货币价值，而看不见矿石的美的特性。我们要把整个情绪和思想改造一下，移动了方向，才能面对美的形象，把美如实地和深入地反映到心里来，再把它放射出去，凭借物质创造形象给表达出来，才成为艺术。中国古代曾有人把这个过程唤做“移人之情”或“移我情”。这里我所说的“移情”应当是我们审美的心理方面的积极因素和条件，而美学家所说的“心理距离”“静观”，则构成审美的消极条件。

第 4 节　美的基本范畴

美的范畴是按照审美客体的审美特征和审美客体给人的审美感受来分类的。美的基本范畴一般归纳为优美、崇高美、悲剧美、喜剧美四个部分。

一　优美

优美的美感特点即小巧、轻缓、柔性、和谐等。正如勃兰兑斯对“希腊式的美”所作的描述：“没有地方是突出的巨大，没有地方引起人鄙俗的感觉，而是在明净清楚的界限里保持着绝对的调和。”它不表现现实世界的对立和抗争，而是体现事物发展中对立双方的均衡、协调，因此，优美在形式上是和谐的、相对稳定的，给人们的审美感受也是单纯平静的。人们对于优美这种形态，往往感到亲切的、由衷的喜爱。例如，当人们漫步于花前月下，聆听着鸟鸣风吟，此时微风徐来，荡舟湖面，这就是优美的体验，是一种极度放松和舒适的愉悦感受。

优美作为一种美的范畴，在不同的领域有不同的具体特性。

自然界的优美侧重于自然物本身和谐统一的形式美。这种和谐统一，主要通过自然界自身的形式、结构、声音、色彩等因素表现出来，例如，“空山新雨后，天气晚来秋。明月松间照，清泉石上流”（图 2-7），描绘的就是优美的意境。

图 2-7　“明月松间照，清泉石上流”优美意境

社会领域的优美侧重于内容的和谐，是真善美的和谐统一。例如，国富民安的社会环境，和睦友善的社会关系，幸福美满的家庭氛围等，都是社会生活中优美的体现。

艺术中的优美是内容和形式的和谐统一。例如，初唐诗人张若虚的《春江花月夜》：“春江潮水连海平，海上明月共潮生。滟滟随波千万里，何处春江无月明……”描绘了一幅幽美、迷离的春江月夜图，抒写了游子思妇真挚动人的离情别绪以及富有哲理意味的人生感慨，创造了一个深沉、寥廓、宁静的境界。通篇融诗情、画意、哲理为一体，意境幽美，语言隽永，韵律婉转，洗净了六朝宫体的浓脂腻粉，具有极高的审美价值，素有“孤篇盖全唐”之誉。

知识链接

优美这种审美形态，最早是由古希腊文化所培育出来的。希腊是一个半岛，吹着暖和的海风，大海是那样宁静，海水是那样光艳照人。希腊境内没有一样体积巨大的东西。希腊城邦的公民在希腊民主制度下，物质生活很简朴，精神文化却很丰富。希腊人既有清醒的理智，又有丰富的情感；既追求自由，又懂得维护城邦的法律。对于希腊人，人与自然、个体与群体、现实与理想、感情与理智，都处于一种和谐融洽的状态，好似阳光融入爱琴海面闪射出美丽的光芒。古希腊这种单纯、静穆、和谐的美，就是人们常说的优美。

二 崇高美

西方美学家朗吉努斯在《论崇高》一书中说："崇高的风格是一颗伟大心灵的回声"，第一要有"庄严伟大的思想"，第二要有"慷慨激昂的激情"。他认为，人天生就有追求伟大、渴望神圣的愿望，因此，崇高是指对象以其粗犷、刚健、雄伟、博大的感性形态，强健的物质力量和精神力量，雄伟的气势，给人以心灵的震撼，进而使人受到强烈的鼓舞与激励，产生敬仰与赞叹的情怀，从而提升和扩大人的精神境界。例如，人们在欣赏贝多芬的《命运》交响曲时，从那充满阳光和青春活力的欢乐背后，往往还是可以感觉到一种痛苦、忧郁和伤感的情绪。贝多芬用音乐表达愤怒、痛苦与抗争，用他的音乐号召人们为自由和幸福而斗争，使听者与之共鸣。

崇高作为一种美的范畴，在不同的领域有不同的具体特性。

自然界的崇高主要表现在巨大体积和粗犷不羁的形式上，如奔腾不息的长江、飞流直泻的瀑布、广袤无垠的大海等，都具有崇高美的特点，但只有这些自然特点不足以形成崇高美，还必须有人类的实践。只有人类征服并掌握这些自然现象时，这些自然物才能成为人们的审美对象，才能形成一种崇高美。

现实生活中的崇高，更多地在于展现审美主体要征服和掌握审美客体的矛盾冲突状态。例如，南宋爱国名将岳飞创作的一首爱国词《满江红·怒发冲冠》："怒发冲冠，凭栏处、潇潇雨歇。抬望眼，仰天长啸，壮怀激烈。三十功名尘与土，八千里路云和月。莫等闲、白了少年头，空悲切！靖康耻，犹未雪。臣子恨，何时灭！驾长车，踏破贺兰山缺。壮志饥餐胡虏肉，笑谈渴饮匈奴血。待从头、收拾旧山河，朝天阙。"字里行间，流露出作者抗击金兵、收复故土、还我河山的强烈爱国精神，作者一生驰骋沙场、视死如归，他的形象和品质是何等伟大！

图 2-8　故宫

艺术中的崇高是对自然和生活中的崇高进行反映和创造的产物，是内容和形式的完美统一。宏伟、规模大、巍峨，都是反映在艺术中的崇高的典型形式。例如，我国雕塑中的秦俑、龙门石窟、乐山大佛，建筑中的故宫（图 2-8）、天坛等，体现了一种磅礴的气势，也是艺术作品中的崇高的典型体现。

康德在《论优美感和崇高感》中把优美感和崇高感加以比较。他说："一座顶峰积雪、高耸入云的崇山景象，对于一场狂风暴雨的描写或者是弥尔顿对地狱国土的叙述，都激发人们的欢愉，但又充满着畏惧，相反地，一片鲜花怒放的原野景色，一座溪水蜿蜒、布满着牧群的山谷，……也给人一种愉悦的感受，但那却是欢乐的和微笑的。"他又说："崇高使人感动，优美则使人迷恋。一个经受了充分崇高感的人，他那神态是诚恳的，有时还是刚强可怕的。反之，对于优美之活泼的感受，则通过眼中光辉的快乐，通过笑靥的神情并且往往通过高声的欢乐而表现出来。"

知识链接

崇高这种审美形态，它的源头是犹太文化和西方基督教文化。犹太人的历史是一部受难的历史。面对无边无际的磨难，无法逃避的死亡，犹太人把求生的欲望、幸福的幻想、炽烈的情绪，转化为对万能之主耶和华的信仰。这种宗教信仰，使受难变为赎罪，使死变为复活，使人生变为通向天堂的荆棘丛生的道路。这种宗教信仰，追求对有限人生的精神超越。正是这种超越精神，使犹太文化产生出一个完全不同于希腊文化的审美形态：崇高。

到基督教创立后，崇高便肉身化为耶稣基督，肉身化为圣母玛利亚。于是，崇高第一次有了由人创造的象征符号——耶稣与十字架、圣母与圣婴。崇高成为神圣的现身与救赎。

三 悲剧美

悲剧不同于一般日常生活中的悲悯、悲哀，而是有价值的事物在社会历史冲突中被毁灭，但却在毁灭中让人体会到斗争的勇气和追求理想的力量感，从而引起情感的激荡和振奋，感受到“以悲为美”的审美愉悦。

图 2-9 《窦娥冤》

鲁迅在《再论雷峰塔的倒掉》一文中曾说：“悲剧将人生的有价值的东西毁灭给人看。”例如，关汉卿的《窦娥冤》（图 2-9），通过写窦娥被无赖诬陷，又被官府错判斩刑的冤屈故事，展现出主人公窦娥为了追求正义，与强大的元朝统治者进行抗争，临终前发下“血染白绫、天降大雪、大旱三年”的誓愿。全剧通过窦娥的毁灭，激发人们对善良的窦娥无比同情之心，同时也激起人们伸张正义、惩治邪恶的强烈愿望。

悲剧最主要的特征就是“悲”，但是，它包含着强烈的正义感、崇高感。悲剧的美感主要包含三个因素：一是怜悯；二是恐惧；三是振奋。这三种情绪和感情都有别于日常生活中的情绪和感情。怜悯是看到命运的不公带给人痛苦而产生的同情与惋惜；恐惧是对于操控人们命运的不可知力量的恐惧；振奋是悲剧人物在命运抗争下依然保持自身人格尊严和精神自由，引起人们的震撼和鼓舞，这是灵魂的净化和升华。

悲剧的审美功用主要表现在三个方面：一是悲剧有巨大的认识作用。正面人物的不幸与毁灭，使得人们认识到必须勇于斗争，解决社会中存在的复杂、尖锐、曲折的矛盾，从而赢得最后的胜利。二是悲剧具有深刻的教育意义。它通过对假、恶、丑的揭露，真善美的赞誉，引导人们树立正确的是非观和善恶观，培养人们嫉恶如仇的正义感和见义勇为的高尚品质。三是悲剧具有强烈的鼓舞作用。它能够激励人们勇于奋斗、勇于前进。

正如朱光潜在《悲剧心理学》中所说：“悲剧始终渗透着深刻的命运感，然而从不畏缩和颓丧；它赞扬艰苦的努力和英勇的反抗。它恰恰在描绘人的渺小无力的同时，表现人的伟大和崇高。悲剧毫无疑问带有悲观和忧郁的色彩，然而它又以深刻的真理、壮丽的诗情和英雄格调使我们深受鼓舞。”

知识链接

悲剧作为一种审美形态和一种戏剧形式，起源于古希腊，并不是偶然的。古希腊人有着深刻的“命运感”。朱光潜在《悲剧心理学》中说道：“他们一方面渴求人的自由和神的正义，另一方面又看见人的苦难，命运的盲目，神的专横和残忍，既对超自然力怀有迷信的畏惧，又对人的价值有坚强的意识，既有一点诡辩学者的天性，又有诗人的气质——

这种种矛盾构成了希腊悲剧的本质。”“希腊悲剧是一种特殊文化背景和特殊民族性格的产品，它不是可有可无的奢侈品，而是那个民族的必然产物。”

四 喜剧美

图 2-10 《皇帝的新装》

喜剧的突出特点是轻松愉快，戏剧性的笑不是一般的逗乐，也不是可以一笑了之，而是包含着辛酸、批判和讽刺，也渗透着同情，发人深思，引发人们思考许多人生问题和社会真理。

鲁迅在《再论雷峰塔的倒掉》一文中曾说：“喜剧将那无价值的撕破给人看。”就是撕开伪装和假象，暴露实质，使对象变得更加渺小空虚、可怜可鄙、毫无价值。例如，安徒生童话《皇帝的新装》（图 2-10），通过对一丝不挂的皇帝的讽刺，让人们在笑声中看到了皇帝的昏庸以及大小官吏虚伪、奸诈、愚蠢的丑恶本质，褒扬了无私无畏、敢于揭假的天真烂漫的童心。安徒生“以戏剧性的轻松活泼，以对话体的形式，说出一个爱慕虚荣的故事”，并不是单纯在于“讽刺了封建统治者的丑恶本质”，而是在坦陈人性的弱点，温情地给成年人上了一课。

喜剧性美感的类型分为机智、讽刺和幽默。机智的基本特征在于深入事物内部，抓住基本要害和显著关系，从而取得了使事物价值更深刻的效果。例如，莎士比亚的《威尼斯商人》，在法庭上，机智的鲍西娅答应夏洛克可以剥取安东尼奥的任何一磅肉，只是，如果流下一滴血的话（合约上只写了一磅肉，却没有答应给夏洛克任何一滴血），就用他的性命及财产来补赎，从而机智勇敢地战胜了贪婪狡诈的夏洛克。讽刺是以夸张的手法对不合理的事物作出辛辣的嘲笑，其特点是具有强烈的攻击性，能帮助我们认识生活的本质。讽刺引发出的笑是“愤怒的火焰所激发出来的笑”，笑声形成一种无形的力量，能够烧毁社会上的种种恶习。例如，唐弢在《琐忆》一文中，回忆鲁迅先生对青年讲“乞丐攀附阔佬”的故事，讽刺了国民党反动政府想依靠美国的一厢情愿和奴颜媚骨，显示出鲁迅先生讽刺的威力。幽默是通过夸张、象征、谐音等手法，对生活中不合理的现象进行揭示并作含蓄的批评。幽默蕴含着尖锐、深刻的讽刺意义，同时又有一定的同情和爱怜成分。

知识链接

喜剧也发源于古希腊，时间比悲剧略晚一些。如果说悲剧是和命运的观念联系在一起的，那么喜剧则是和时间的观念联系在一起的。喜剧体现古人的一种时间感。整个世界是一个新陈代谢、辞旧迎新的过程，是一个不断更新和再生的过程。旧的死亡了，新的又会产生。旧的东西，丧失了生命力的即将死亡的东西，总显得滑稽可笑，于是产生了喜剧。正因为如此，所以马克思说：“历史不断前进，经过许多阶段才把陈旧的生活形式送进坟墓。世界历史形式的最后一个阶段就是喜剧。”

自 测 题

一、单项选择题

1. 生活在相同时代的人的美感，具有这一时代的人所共有的美感特征，这属于（　　）
   A. 民族共同性　　B. 心理共同性
   C. 时代共同性　　D. 社会共同性
2. 世界上没有完全相同的两片树叶，正如一个人不可能同时跳入两条共同的河流一样，体现了美感的（　　）
   A. 民族差异性　　B. 心理差异性
   C. 时代差异性　　D. 个体差异性
3. 人的美感主要依赖于（　　）
   A. 视觉、听觉　　B. 视觉、嗅觉
   C. 视觉、触觉　　D. 视觉、味觉
4. 美感的最明显特征是（　　）
   A. 直觉性　　B. 愉悦性
   C. 超越性　　D. 创造性
5. 下列哪项不属于美感的心理学因素（　　）
   A. 感知　　B. 想象
   C. 情感　　D. 逻辑
6. 鲁迅的《阿Q正传》，不少人看了以后，疑心像是在写自己，而同时又感到像是写一切人，这说明审美理解具有（　　）
   A. 非概念性　　B. 非逻辑性
   C. 多义性　　D. 个体差异性
7. “细雨鱼儿飞，微风燕子斜”描绘的是（　　）
   A. 优美　　B. 崇高美
   C. 悲剧美　　D. 喜剧美
8. “寓庄于谐”是下列哪一个艺术特征（　　）
   A. 优美　　B. 崇高美
   C. 悲剧美　　D. 喜剧美

二、判断题

1. 美感不受社会实践的制约。（　　）
2. 新石器时代的彩陶上描绘的图案，体现了原始人类自觉的审美意识。（　　）
3. 意大利雕塑家米开朗基罗代表作《大卫》，紧蹙双眉、圆睁双目，肌肉刚健有力，手臂青筋暴起，头颅执拗地转向一侧，他所追求的是和谐优美的审美理想。（　　）
4. 美感的差异性比共同性重要。（　　）
5. 美感就是满足感。（　　）
6. 美感是一种情感的体验。（　　）
7. 快感是不可能转化为美感的。（　　）
8. 美感的超越性能使人获得一种精神上的自由感和解放感。（　　）
9. 人们只有在情感态度中理解，才能既领会审美客体的精神内涵，同时又得到美的享受。（　　）
10. 没有见到大海的人，听到录音机里澎湃的海浪声，可以想象到大海的波涛汹涌，这属于再造想象。（　　）
11. “忽如一夜春风来，千树万树梨花开”是再造想象。（　　）
12. 美感活动中，其心理学要素之间是彼此独立的。（　　）
13. 崇高以巨大的矛盾冲突获得审美价值。（　　）
14. 《俄狄浦斯王》中俄狄浦斯“弑父娶母”体现了典型的悲剧意蕴。（　　）
15. 鲁迅曾说“悲剧是将人生无价值的东西撕碎给人看”。（　　）
16. 喜剧的体现形式主要是讽刺和幽默。（　　）

得多，因为它们凝集着中国半个多世纪人民革命斗争的伟大实践，不仅具有一般山水的美，更具有革命实践的社会美。它对于中国人民及同情中国革命的海内外人士而言，是令人向往的圣地，是胜利的象征，无疑是美的。

二 美的形式

美的形式是指显现人的本质力量的感性形式，是美的内容的存在方式。美的内容往往比较隐晦、曲折，每个人所能认识的深度不尽相同，而美的形式则外露、直接，易于感知。美的形式表现美的内容，但又受美的内容的制约，即形式必须服从内容的需要，为内容服务。

美的形式可分为外在形式和内在形式两种。外在形式是美的事物的内部结构或内容的感性外观，如一本书的封面，一个人的高矮胖瘦；内在形式则与美的事物的内容直接相关，表现为美的存在方式，如一本书中的语言、体系、逻辑结构，一个人的身体内部结构等。美的内容只有通过具体形式才能得以体现。

美的形式具有两个明显的特征：宜人性和表现内容。

1. 宜人性　即外观悦人，适宜人的生理、心理特点，能使人心理上得到一种愉快和舒适感，如盛开的鲜花、漂亮的姑娘。否则，便不是美的。如一堆臭气熏天的垃圾，杂乱无章的环境、噪声等，都会使人心理上产生厌恶和不安的情绪，人们不会感觉它美。鲁迅说过：画家们可以“画蛇、画鳄鱼、画毛毛虫，但没有谁画垃圾堆、画癞头疮、画鼻涕……”，因为这些东西使人厌恶、是不宜人的。更没有人对着死去的美人尸体大叫：“好美的尸体。”

2. 表现内容　是指美的形式应适合并能表现美的内容，是根据美的内容所选择的最恰当的表现形式。如护士的外在形象应能表现出护士的端庄文雅、和蔼亲切的内在美。

三 美的内容与形式的辩证统一

美的内容与形式之间有着辩证统一的关系：美的内容总是某种形式的内容，美的形式往往是某种内容的形式，美的内容决定美的形式，美的形式表现美的内容。离开表现美的内容的形式，美是不存在的。当美的形式适合美的内容时，则促进美的事物的发展；当美的形式不适合美的内容时，则影响或有损美的事物的发展。如美容中眉型、唇型等的形状及色泽设计与人脸型、气质一致，就会美化人，否则选择不当、与整体不协调，就不是美而是丑了。在艺术创作中则需要根据内容选择最恰当、最生动、最完美的表现方式，才能创作出好的艺术作品。优秀的艺术作品必定是美的内容与形式珠联璧合的独创与妙造，如雕塑作品断臂《维纳斯》（图 3-2）和米开朗基罗的《大卫》（图 3-3）等。

在现实生活中，事物美的内容与形式之间的关系十分错综复杂。有的内容美形式也美，有的内容不美形式也不美，有的内容美形式不一定美，有的形式美而内容不美。可见，对于每一个具体的事物，其美的内容和美的形式只能是具体的、历史的相对统一，而不可能是完美无缺的绝对统一。这也正是世界五彩缤纷、美不胜收的原因。

图 3-2 《维纳斯》

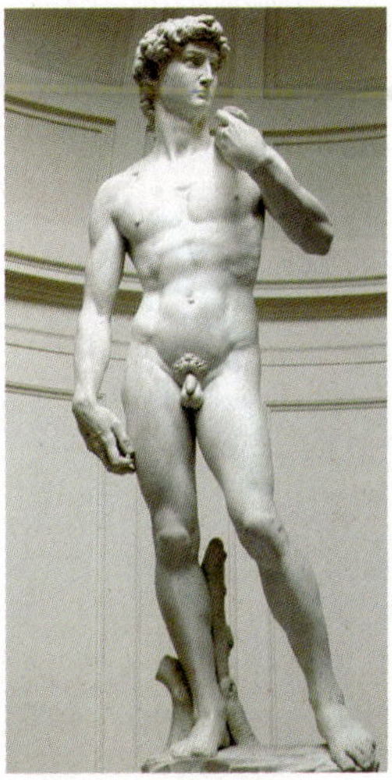

图 3-3 《大卫》

第 2 节 形 式 美

一 形式美概述

（一）形式美的概念

形式美是从美的事物的外在形式中抽象出来的，具有独立审美价值的各种形式因素的有规律的组合。形式美从广义上说，就是美的事物的外在形式所具有的相对独立的审美特性。从狭义上说，形式美是指构成事物外在的物质材料的自然属性（色、形、声）及它们的组合规律所呈现出来的审美特性。

（二）形式美的产生

在长期审美活动中，人们反复接触这些美的形式，可直接引起人的美感，而无须考虑这些形式所表现的内容，仿佛美就在形式本身，这样就产生了形式美。人类在长期进行欣赏美、创造美的活动中，逐渐发展了对各种形式因素（如线条、色彩、形体、声音等）的敏感，并逐渐掌握了这些因素各自的特点，这时形式开始向形式美过渡，独立形态的形式美便产生了。如“对称”的法则就是对大量具有对称特征的事物的概括反映。

（三）形式美与美的形式之间的关系

形式美和事物的美的形式既有联系又有区别。在具体的美的事物中，内容和形式是统一的，美的形式不能脱离内容。形式美所体现的内容是间接的、朦胧的。例如，皇帝的龙袍，颜色主要是黄色，象征着皇权与富贵。而形式美中的黄色泛指一切黄色，与龙袍的联系就不那么具体了。

（四）形式美的意义

1. 形式美具有相对独立的审美意义，是人们感知事物美的前提。人们对美的感受都是直接由形式引起的。长期反复接触某些形式，就会使这些形式具有相对独立的审美意义。例如，大海的层层波浪是美的，由此形成的波状线直接给人带来美感。又如一些富有装饰趣味的绘画，建筑物上的飞檐斗拱、雕龙描凤等都可以成为给人带来美的享受的独立欣赏对象。

2. 形式美是人们欣赏事物美的前提。人们在欣赏美的事物时，往往首先通过形式，再进而去感受它的内容。如欣赏舞蹈艺术，最先引起美感的是台上的布景、灯光、音响以及演员的服装、化妆、优美的舞姿等外在形式，然后才接触作品的内容，再进一步为作品中的人物和事件深深地打动。

图 3-4　帕特农神庙

3. 形式美是人们进行艺术创造的基础。真正具有美的形象的事物，它的外部形态，必然放射着能够吸引人、感动人和耐人寻味的美的光辉。美国美学家桑塔耶纳说："假如雅典娜的神殿帕特农神庙不是大理石筑成，王冠不是黄金制造，它们将是平淡无力的东西。"（图 3-4）在艺术创造和欣赏中，艺术作品通过光、色、形、声等物质属性的形式传达给我们的感官，而产生一种形式感。这种形式感具有强大的艺术感染力。敏锐的形式感是艺术才能不可缺少的组成部分，它可以使艺术家更自由地把握艺术品种的特点，以从事艺术创作；而欣赏者可以在形式感中得到美的享受，进而理解作品的意蕴。培养形式感对于提高审美创造和审美欣赏水平至关重要。形式作用可分三个层次。

（1）间隔化：是美的形式的积极作用。美的对象的第一步需要间隔，如图画的框、雕像的石座、堂宇的栏杆台阶、剧台的帘幕、从窗眼望青山一角、登高俯瞰城市灯火等，这些美的境界、景色都是由各种间隔作用形成的。

（2）构图：是通过组织、集合和配置使原本的片景、孤境织成一内在自足、自成意境、意义丰满的小宇宙，启示着宇宙人生中更深一层的真实，也属美的形式的积极作用。如古希腊的大建筑家们用简洁质朴的形体和线条所建造的那些典雅的神庙，使人千载瞻仰，有无穷高远的圣美意境，至今仍令人向往，使人难忘。

（3）由美入真：这是形式最深层的作用。形式不仅能化实相为空灵，引人精神飞跃，深入美境，还能进一步引人入真，深入到生命节奏的核心。唯有最生动的艺术形式如音乐、舞蹈、建筑、书法、中国戏剧脸谱、钟鼎玉器的形态与花纹等，最能表达人类心中妙不可言、难以描述的心灵姿势和生命的律动。

二　形式美的基本要素

形式美的基本要素包括色彩、形体、声音等，又称形式美的感性因素。人在审美时以眼睛和耳朵为主，外部世界的色彩、线条、形体和声音，原本是物质世界的自然属性，因被人的感官所感知，才转化为构成形式美的感性因素。

1. 色彩　是形式美的重要构成要素，是一般美感中最大众化的形式。远看色彩近看花，色彩起着先声夺人的作用。色彩的感觉，是构成美的世界的主要因素。色彩是由于物体受阳光照射，其反射光作用于视觉而产生的。人类肉眼所能感知的光波波长范围为 390 ～ 770nm，在 770 ～ 390nm 的光谱中，人类肉眼所能感受到的颜色依次为红、橙、黄、绿、青、蓝、紫。其中红、黄、蓝为三原色，橙、绿、紫为三间色，将三原色混合在一起形成黑色。将所有可见光混合起来，就能感受到白色。每一种原色与其相邻的间色形成调和色，与其他两种原色构成的间色形成对比色。不同的色彩会产生不同的视觉效果、情感效应和象征意义。

（1）色彩的视觉效果：色彩是人们辨认客观事物的重要依据。人们可以通过不同的颜色来区分不同的事物。如红色的消防车，绿色的邮车，白色的救护车，红绿灯及红、黄警示牌等。另外，当太阳晒到皮肤上，或橙色的火光映照皮肤时，我们都会有温暖感；当站在蔚蓝的大海边或白色的雪地上时，我们会感到凉爽。久而久之，由于经验和条件反射的作用，视觉成为触觉的先导，当看到红、黄、橙等色时就感到温暖，而看到蓝、蓝紫、蓝绿等色时就使人血压下降、心跳减慢，产生冷的感觉。这就是色彩的冷暖感。

色彩不仅有冷暖感，同样还可以给人以进退、胀缩、轻重、宽窄、快慢、味觉感及华丽与朴素等不同的视觉感受。

图 3-5　法兰西共和国的国旗

具体表现：①进退及胀缩感。红、橙、黄色给人以前进和膨胀的感觉；蓝、绿、紫色使人有后退与收缩的感觉。②轻重感。黑、灰、橙色给人以重的感觉，白、绿、蓝色给人以轻的感觉。深色使人感觉重，浅色使人感觉轻。③宽窄感。深色给人以窄小的感觉，浅色给人以宽大的感觉。如法兰西共和国的国旗是由红、白、蓝三条色带组成的（图 3-5），人们从视觉上看到的三条色带宽窄是相同的，而实际上，红、白、蓝色带的宽度之比为 35 ∶ 33 ∶ 37。着浅色的服装使瘦者显得丰满；着深色的服装使胖者看上去精干。④快慢感。色彩让人心理上产生时间错觉，黄、红、橙等色让人感到快速，蓝、绿等色让人感到时间很慢。据美国色彩专家弗·比林指出，茶馆为了更好地招揽顾客，以使用红色和橙色的家具为宜。⑤味觉感。美国色彩专家弗·比林指出，不同的色彩给人的味觉感是不同的。黄色和红色对人有很强的食欲魅力，不好吃的味觉是带灰色的食物。最能发出芳香的是黄绿色，高明度的蓝、紫色，芳香度也很高。⑥华丽与朴素感。明度高、纯度高的色彩及暖色使人感觉华丽，而明度低、纯度低的色彩及冷色使人感觉朴素。

（2）色彩的情感效应：不同的色彩给人们带来不同的生理、心理感受，会直接影响人们的情绪和工作效率。①积极主动色和消极被动色。黄、红黄、黄红是主动的色彩，能使人产生积极向上、勇于进取和富有生命力的情感态度，而蓝、红蓝、蓝红是被动的色彩，表现出人的不安、温柔和向往的情绪。②兴奋色与镇静色。彩色使人兴奋，冷色和白色让人镇静。医学中的色彩治疗和情绪调节就是利用这一特点。

（3）色彩的象征意义：不同的颜色，可使人产生不同的联想，便使色彩具有了不同的象征意义。红色使人联想起血和火，象征着生命、忠诚、喜庆、革命；还象征危险，给人以警示，如红灯、红色消防车。黄色使人联想起灿烂的阳光和麦浪，象征着温暖和富裕。在中国古代，黄色是帝王之色，象征着皇权和高贵。而西方由于出卖耶稣的犹大的衣服是黄色的，因而人们深深地憎恶黄色。蓝色使人联想起天空和海洋，象征着和平、宁静和渴望。在西方，蓝色既是幸福色，又是绝望色，“蓝色的音乐”就是悲伤的音乐。绿色使人联想到绿草、树林，象征着青春和繁荣。紫色象征着清爽、温柔，深紫色象征着高贵。白色使人联想到白雪，象征纯洁、神圣、死亡和叛逆。黑色使人联想到黑夜，象征着深沉、庄重、罪恶及死亡等。

图 3-6 《印象·日出》

（4）色彩的运用与其功能的统一

1）色彩在绘画中的运用：色彩在绘画中占有主要的地位。19 世纪下半叶兴起的印象画派，就是运用光色原理，追求在光、色、影的变化中表现事物整体印象和氛围。具有代表性的就是法国的画家莫奈（1840—1920），在他的代表作《印象·日出》（图 3-6）中，光的色彩就表现出非凡的艺术魅力：多雾的早晨，海湾的一角，一轮红日从东方冉冉升起，周围一片静谧，没有清晰的物体，一切都被溶化，只有大楼投下的几束流动的光斑，两三只仿佛摇曳的木船。整个城市被一片淡紫色的烟雾笼罩着。在这里，重新组合的色彩引导人们踏进了新的艺术境地，世界寂静而朦胧，漂浮在淡紫色的雾幔中，使人感到大地在睡梦中呼吸均匀有力，在苏醒的时刻，太阳正高高地挂起。画面上冷暖两种色调的对比，使人仿佛看到了希望的升腾，一种难以捕捉的生命力量的复活。

2）色彩的功能：包括色彩调节和色彩治疗。依据色彩对人的视觉和心理的影响作用，用合适的颜色改善人的色彩环境，就叫色彩调节；将色彩直接用于人的精神治疗，就叫色彩治疗。

利用色彩对人的视觉效果、情感效应和象征作用，营造衣、食、住、行、娱乐等方面的色彩环境，达到心理与周围色彩环境的彼此和谐，从而发挥色彩对心理和精神的治疗作用。如餐厅用橙色或红黄色装修或装饰来促进顾客的食欲和进食速度；卧室用苹果绿色以解除疲劳，减慢心率，使人安然入眠；运动时穿红、橙、黄色的运动衣可以使人提高速度，穿蓝、绿色的运动衣用以减慢速度、减轻焦虑与紧张感等；另外，蓝色可用于高热或高血压患者的降温或降压；紫色有解痉的作用，可用于妊娠高血压的先兆子痫或子痫期的患者。

我国悠久的园林建筑中，其用色为白墙、黑瓦、红柱、红门、红窗、翠竹、碧水、假山、绿树、蓝天等，共同构成了高雅、鲜明、幽静的画面，使人在环境中感到心情愉悦而高尚。在用色的目的性和色彩的功能方面都达到了高度的完善与统一。同样，在工业设计、建筑设计、商业设计、广告设计、室内外环境设计等的用色上都要将色彩本身的功能和目的性有机结合，使之达到色彩的运用与色彩的功能相统一的目的，取得美的效果。

知识链接

红色与生命

据考古学、人类学的研究，在不少地区的原始墓葬里，死者身上或死者周围都撒上了红色的赭石粉，许多随葬的装饰品也涂上了红色。而现今的原始部落里，也同样重视红色颜料。“红色代表血，这是生命力的源泉”，这一抽象意味是从长期的社会实践中慢慢演化而获得的。原始人过着渔猎生活。打猎时他们看到猎获物及被野兽咬伤的人流尽了鲜血就会死去，而健康的人脸上、身上都有红润的血色。于是，红色被原始人看作生命现象的一种抽象概括。把红色的赭石粉撒在死者的身上和周围，仿佛是予死者以生命——血、温暖和活力。

我国自古以来还有色彩象征方位之说，东蓝、南红、西白、北黑、中央黄，称为方位色。在京剧脸谱中，色彩被赋予象征人物性格的特定意义：红脸代表忠义，黄脸象征着勇猛而残暴，蓝脸代表刚强，白脸代表奸诈阴险，黑脸代表憨直刚正，绿脸显示草莽英雄本色，金脸银脸则是神怪的象征等。

2. 形体　是指事物的具体可感的外在形态，是人的视觉所能感知的空间性的美。组成形体的要素是点、线、面。点的轨迹是线，线的横移形成面，数面组合构成形体。

（1）点：有疏密、聚散等组成方式，给人不同的视觉效果。图案中的“雪点”可以给人柔和、轻盈的感觉；点的聚散可以产生闪光的视觉效果，如“万绿丛中一点红”，大自然中深夜里的荧光、月亮、星星、灯光、火把；生活中女人特意点的“美人痣”，女孩眉心间的胭脂点、新娘胸前的小红花、面点上的小红点、面点刺猬上的黑豆眼等。细细察看，颇有意趣。在日常生活中，在装饰艺术中，点的运用极为普遍。

（2）线：是点的延伸，又是面的界限。由于形体的基本特征是边界线或轮廓线，因此人们对形体的审美，便可以从边界线入手。线条比色彩具有更大的抽象性，从本质上讲，它不是对客观世界的直觉反映。人类对线条的感受、领会和掌握比色彩要间接和困难得多，它需要更多的观念、想象和理解的成分和能力。线条有直线、弧线和折线三种基本类型。每种线条，都有各自的审美特性。

1）直线：有坚定、刚劲、挺拔、稳定、坚硬的意味，给人一种力量的感受，如商代的司母戊大方鼎，横向线与地平面平行，舒展而开阔；纵向线与地面垂直，拔地通天。两条直线间：垂直线给人紧张、倾倒之感；平行线给人安稳之感；幅状线给人奔放之感，交错线给人激荡之感。

2）弧线（含曲率变形及波状延展）：具有柔和、流畅、优美、轻婉的意味，能给人一种运动感，如海上的波浪、蜿蜒的小溪、天上的流云、婀娜多姿的垂柳、曲折通幽的小径、少女的S形体型、永乐宫壁画中仙女的衣纹（图3-7）；其特征是“弯曲”，其本质是“柔”。著名画家和美学家荷迦兹在《美的分析》中提出：蛇形线“S”是最美的线条，因为它符合形状上的“错杂”原则，“它引导着眼睛作一种变化无常的追逐，由于它给予心灵的快乐，可以给它冠以美的称号”。波状线表示轻快流畅，使人联想到水中的涟漪，优美温和且给人以流动感。

图3-7　永乐宫壁画（局部）

3）折线：给人动态、灵巧的感受；折线形成的角度则给人以转折、倾斜、升降、进退等方向感。折线是有力度的。小于直角的连续折线犹如山峰，高耸挺拔；大于直角的连续折线则坚实稳重，在封闭的折线中，横向的矩形则沉稳安定。

美学家帕克曾说：“水平的线传达一种恬静的情感；垂直的线表示庄严、高贵与向往；扭曲的线条代表冲突与激烈；弯曲的线条则带有柔软、肉感与鲜嫩的性质。”可见线条变化

（二）对称均衡

“对称”是物体中轴线两边形状的对等，这是生物体结构的一种规律，是自然界一种普遍而又巧妙有趣的现象。是人类在长期实践活动中，对自身及周围环境的观察而获得的规律，体现着事物自身结构的一种合规律的存在方式。陈望道说：“因为对称是安静的，宜于表现镇定、沉静等情趣的形式，所以它就带有庄重、严肃的神情。如街树的对称，有稳重之感；礼堂的对称，有庄重之感；大抵尊严的神佛所以多作对称形，就是如此；轻佻的小丑，常要揭起一衣角破了对称形，也就是为此。”人的长相就是标准的对称体。对称显得安静稳定，且可衬托中心，使人产生沉静、庄重、威严之感，如北京故宫、埃及金字塔等。还有道路两旁的树木、路灯的对称，有稳定之感；礼堂的对称，有庄重之感；寺庙中神佛多为对称，显示庄严肃穆的气氛。

“均衡”是对称的变体，它不要求中轴线两边形状的等同而要求重量的相当。“均衡”比“对称”更有差异性和灵活性，给人以稳定中透出动感，一致中显出自由的美感。这一规律尤其在绘画构图、盆景、杂技艺术中得到广泛应用。如各种盆景造型中（图 3-12），有的左侧树枝向外延伸，有的右侧树枝向外伸展，左右树枝虽不同型，但在量上却大致相当，给人动态的均衡感，造型优美，稳定活泼。“呼应”则较“均衡”更为自由。如微型山水盆景（图 3-13），它的一侧的山石较大，另一侧的山石较小，虽然两个形体大小不同，却相互呼应，富有情趣。均衡有四种形态：①对称均衡，又称“天平式均衡”；②重力均衡，又称“对比均衡”；③运动均衡，是运动中由均衡到不均衡再到均衡的过程，给人以协调感和运动感；④照应均衡，是事物各部分之间前后、左右、上下、高低、浓淡、轻重、显隐、虚实等相互呼应、协调一致所达到的均衡。

（三）调和对比

调和对比反映了矛盾的两种状态。“调和”是在差异中趋向于“同”（一致），又称“和谐”；“对比”是在差异中倾向于“异”（对立）。如色彩中同种色或类似色相配合，就是调和。调和使人感到融合、协调，在变化中保持一致。例如，色彩中的红与橙、橙与黄、黄与绿、

图 3-12　盆景造型（均衡之美）

图 3-13 微型山水盆景（呼应之美）

绿与蓝、蓝与青、青与紫、紫与红都是调和色。同一色中深浅、浓淡的层次变化，也属于调和。如天坛的深蓝色的琉璃瓦与浅蓝色的天空和周围的绿树配合在一起显得很美，这就是调和的效果（图 3-14）。杜甫的诗“桃花一簇开无主，可爱深红爱浅红”中的深红与浅红在一起也属于调和。调和的种类很多，既有色彩的调和，还有声音和形体的调和；既有同一物体间的调和，也有不同物体之间的调和。艺术作品中的调和是指各有机组成部分之间的协调，以及作品内容与形式之间的统一。如建筑物中的合理布局，音乐作品中的音响、音色、音调的配合，绘画中构图、线条、色彩的协调，文学作品中语言、风格的统一等。

图 3-14 天坛

“对比”是把两种极不相同的色彩、形体、声音并列，使各自的特点显得更加突出。对比在形式美中占有重要地位。宇宙间的事物都存在差异性，显著差异的事物相互结合便形成了对比关系。色彩中的对比色如红与绿、黄与紫、蓝与橙、黑与白等；形体中直与曲的对比如“大漠孤烟直，长河落日圆”；声音中动与静的对比如“蝉噪林逾静，鸟鸣山更幽”。此外，还有强弱的对比如“大弦嘈嘈如急雨，小弦切切如私语”等。

知识链接

减轻色彩对比过强的方法

对比色的搭配让人感到振奋、醒目。有时对比色须在异中求同才能达到和谐美。减轻色彩对比过强的方法至少有四种方法：一是减性法，对比过强的色彩中的一色或二色的色度或纯度减弱；二是隔断法，在两个对比过强的色彩中间用中性的缓冲色；三是渐变法，将对比过强的色彩分成若干浓淡层次，使最弱的层次相互邻接；四是渗透法，将对比过强的色分成许多小色点或小色块，使之相互渗透。这样既有色彩对比，又能达到美。

（四）比例匀称

“比例”是指事物整体与局部、局部与局部之间在外形上关系的恰当。适当的比例是形式美的重要方面。达·芬奇说：“美感完全建立在各部分之间的神圣的比例关系上。”古希腊哲学家毕达哥拉斯提出的黄金分割律被认为是事物形式方面最适宜的数量比例关系。黄金分割律又称黄金率、中外比，最早见于古希腊和古埃及，即把一根线段分为长短不等的 a、b 两段，使其中长线段 a 对总长（$a+b$）的比，等于短线段 b 对长线段 a 的比，列式即为 $a:(a+b)=b:a$，其比值为 0.6180339……这种比例在造型上比较悦目，因此，0.618 又被称为黄金分割率。

现代医学发现，人感到最舒适的气温为 23℃，与人的体温 37℃，恰成黄金分割比。人的标准体型的各主要部分成黄金分割比，即以脐部或双手下垂中指尖到达的部位，分割整个人体身高，上半身与下半身之比恰好是 0.618。另外，人脸部的长宽比、躯干的长宽比、耳的长宽比和乳房所在位置的上下比等也都接近黄金分割比，这是人体之所以给人以美感的原因。据说，古希腊的帕特农神庙的大理石柱和神庙顶之间符合黄金分割律（见图 3-4）。雕塑作品古希腊美神断臂维纳斯（见图 3-2），全身以肚脐为界上下之比为黄金分割比，上半部分又以咽喉为界上下之比也成黄金分割比。

图 3-15　土耳其宫女

达·芬奇绘画中人体的比例，至今仍作为衡量体型美的标准。在艺术创作中，有时为了突出某种气势或情绪，也往往突破正常的比例关系。如米开朗基罗的《大卫》（见图 3-3），为了突出大卫的伟岸、英勇、威武的英雄气概，加长雕塑的大腿，加粗了手关节。安格尔的《土耳其宫女》（图 3-15），为了突出其妩媚，加长宫女的腰身；西方的教堂，多为哥特式建筑风格，高度远远超过宽度，从而产生超世绝尘、升入天国的气势。

比例在艺术中被广泛应用。“丈山、尺树、寸马、分人”和“立七、坐五、盘三半”分别是中国山水画和人物画中的比例关系。

“匀称”指合乎一定的比例关系。古代宋玉所谓“增之一分则太长，减之一分则太短”，就是指人身材的匀称来说的。合乎比例的为匀称、协调，就美；不合比例就是畸形、不协调，就丑。

（五）节奏韵律

“节奏”指运动过程中有秩序的连续。把运动中的强弱变化有规律地组合起来加以反复，便形成节奏。在生活和自然中都存在节奏。日出日落、寒暑交替是时间变化的节奏；潮涨潮落、山脉起伏是空间变化的节奏；人的心跳、呼吸的节律及体力周期 23 天、情绪周期 28 天、智力周期 33 天等为生理节奏。在艺术中节奏更鲜明，特别是在音乐和舞蹈中节奏感更为强烈。音乐疗法就是利用音乐的节奏感来治疗疾病。在生产生活中，人们一边走一边唱，一边喊劳动号子一边打夯等，除了能协调动作、减轻疲劳外，还能引起人心理的共鸣，使人产生身心的愉快。节奏感还体现在形象排列的动势上。如《清明上河图》中由静到动、由疏到密的形象排列，便形成一种节奏感。建筑上亦如此。梁思成认为，“节奏和韵律是构成一座建筑物的艺术形象的重要因素”。

在节奏的基础上赋予一定情调便形成“韵律”。一般指诗词中抑扬顿挫的声韵和节奏，它能给人以极大的韵致情趣，满足人精神上的审美享受。韵律还存在于绘画、音乐、舞蹈、建筑中，如交响乐与郑板桥所画的无根兰花等。

（六）多样统一

多样统一是对形式美中诸多规律的集中概括，是形式美的最高法则。“多样”是指整体中所包含的各个部分在形式上的区别与差异性，它体现了各个事物个性的千差万别；“统一”是指整体中各部分在形式上的某些共同性，它体现了各个事物的共性或整体的和谐。多样统一的最终目的是要造成一种整体美与和谐美。客观世界原是一个多样统一的和谐整体。任何一个高级的事物也都是多样统一的。多样而不统一显得杂乱，统一而不多样显得单调。多样统一使人感到既丰富又单纯，既活泼又有秩序，这样才显出事物的本来面目。人体美也是符合多样统一法则的整体美。在书法和插花中追求一种“不齐之齐”，即在参差中求整齐之美，也正是多样统一法则的体现。达·芬奇的《最后的晚餐》也是运用多样统一法则，来表现耶稣殉难前的崇高精神(图 3-16)。这幅画描绘的是他生前与门徒们一起进最后一次晚餐的场景。他对在座的十二个门徒说：“你们中间有一个人出卖了我。”这句话就像一块石头投入了平静的水面，引起了每个人不同的反应：有的震惊、有的愤怒、有的悲伤、有的痛惜、有的追究，而叛徒尤大表现得畏缩和惊恐，侧着身子，一手紧紧地握着钱袋，隐藏在暗影中，由于紧张碰翻了案上的罐子。从构图上，耶稣位于画面的中心，背后是明亮的门窗，耶稣左右各两组人，姿态表情各异，耶稣的静与门徒的动形成对比，由于明暗对比，使耶稣的形象很醒目。两边的门窗是对称的，耶稣处于中心，形成对称，使动荡的画面保持着一种安定感。

图 3-16 《最后的晚餐》

多样统一是在变化中求统一。无论是对立还是调和，都要有变化，在变化中求统一，在统一中求变化。多样统一体现了生活和自然界中对立统一的规律，整个宇宙就是一个多样统一的和谐整体。美的极致就是和谐与统一。

形式美的基本法则概括了现实中美的事物在形式上的共同特征，并随着美的事物的发展而发展。研究形式美的基本法则主要是为了提高美的创造能力，培养我们对形式变化的敏感，善于在探索美的形式时，从内容出发选择最适当的形式以加强美和艺术的表现力，达到美的形式与美的内容的高度统一。

自测题

一、单项选择题

1. 形式美的基本要素不包括（　　）

A. 色彩　　B. 明暗

C. 形体　　D. 声音

2. 下列哪项不是形式美的基本法则（　　）

A. 单纯齐一　　B. 对称均衡

C. 动静对比　　D. 多样统一

二、判断题

1. 人们对美的感受都是直接由形式引起的，但美的形式不能脱离内容。（　　）

2. “蓝色音乐”指的是轻快的音乐。（　　）

3. 色彩是形式美的重要因素，也是美感最普及的形式。（　　）

4. 节奏韵律是指在变化中求统一。（　　）

5. “桃花一簇开无主，可爱深红爱浅红”，反映了形式美法则中色彩间的对比。（　　）

三、简答题

1. 说出形式美中色彩的象征意义。

2. 说出形式美的基本法则及在实践中的应用事例。

四、论述分析题

1. “蛇形线‘S’是最美的线条”，“它引导着眼睛作一种变化无常的追逐，由于它给予心灵的快乐，可以给它冠以美的称号”。

请分析：

（1）这句话或这个观点是哪位美学家提出的？

（2）你觉得这句话对吗？请阐述你的观点。

2. 谈谈你对多样统一法则的理解，今后如何在工作生活运用该法则来创造美。

（张　欣）

第4章 自 然 美

自然美是指自然事物的美。在人类生存的星球上，大自然给予了无限丰富、充满生机的奇观异彩：日月星辰、山川湖泊、飞禽走兽、树木花草等，这些能为人的感官所感知，给人们带来乐趣、享受和遐想的，都属于自然美的范畴。

第1节 自然美的产生与本质

自然美（natural beauty）是客观世界中自然事物和自然现象作为审美对象而形成的美。自然美是自然的人化这一历史进程的结果。它是社会性与自然性的统一。它的社会性是指自然美的根源在于实践，它的自然性是指自然事物的某些属性和特征，如色彩、线条、形状、声音等，是形成自然美的必要条件。

一 自然美的产生与发展

（一）自然美的产生

从自然美产生和发展的进程来看，自然美的产生及自然美领域的逐渐扩大是和人类社会实践的发展进程密切相联系的。自然美是一定社会实践或社会生活的产物。

在人类社会出现以前，自然界都是自在之物，它们的物质属性虽然早已存在，但这时自然无所谓美丑，因为自然的美丑对于人类才有意义。在人类出现以前，朝霞的绚丽、月光的皎洁，虽然作为物质的属性仍然存在，但这些属性对于自然本身来说是没有美的意义的。自然不能自觉为美，所以不能用今天人类对自然的审美感受去推论在人类社会出现以前自然美就早已存在。

在人类社会出现以后，自然界起初也是作为一种完全异己的、有无限威力的和不可制服的力量与人们对立的。原始先民对具有无限威力的神秘的自然界是感觉不到美的，因此也绝对不会把它们当作审美对象。以生产劳动为基础的人类实践活动，逐渐改变了人类与自然的关系，自在的自然被人化，打上了人的意志和烙印，成了自然的人化，从而具备了审美的属性。最早成为人们审美对象的自然物，是与生产实践密切相关的自然物。对于以狩猎为主的原始部落来说，最初的审美对象就是动物，我们从山顶洞人创造的骨针和装饰品可以看出（图4-1）。尽管他们生活在鲜花盛开的地方，但从不用鲜花装饰自己，因为花没有和当时狩猎民族的社会生活发生联系，因此对他们来说是没有美学意义的。农业的出现为人类开辟了重要的生活物资来源，人们的生活也因此与植物发生了密切的联系，人们在研究植物的性质和生长规律的同时也开始研究植物的形状、色彩等，并将其作为审美对象。如我国仰韶文化时期的彩陶上面就绘制着各式各样植物的花、叶、茎和根（图 4-2），这无疑确证了农耕时代人们开始以植物为美。至于山水成为美的对象则是较晚的事情，我国现存最早的卷轴山水画是隋代展子虔的《游春图》（图 4-3）。山水诗画在这个时期兴起，也是和社会生活有密切联系的。

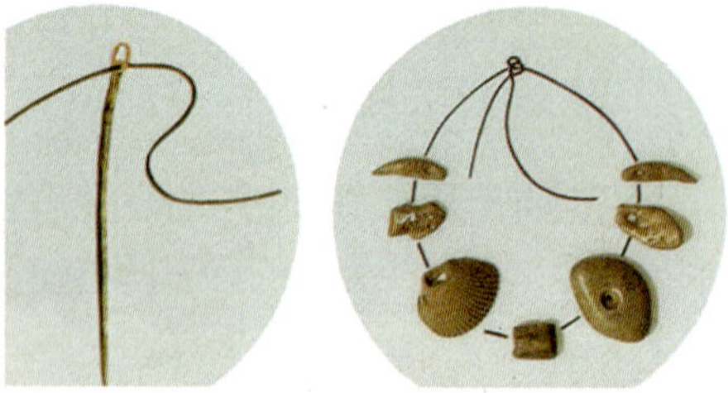

图 4-1　山顶洞人的骨针和装饰品

图 4-2　新时期时代的彩陶

图 4-3　隋代展子虔的《游春图》

在社会发展的进程中，人与自然的关系向多方面发展，自然事物也越来越多地成为人的审美对象。人类实践能力和科学技术水平的提高，使过去无法欣赏的微生物、天外星球等潜在的审美价值得以转化为现实的审美价值，在将来，目前尚未同人类建立审美关系的自然物和自然现象也会逐渐成为人们的审美对象。自然美的审美视界的这种变化说明了美是随着人类实践活动的产生、发展而变化的。

（二）自然美的发展

人们对自然美的鉴赏，也有一个演变和发展的过程，这个过程大致分为致用、比德、畅神三个阶段。

1. 致用　在原始时代，人们对美的认识是比较朦胧、模糊的。人们对动物、植物的认识大多以实际需要来考虑，有用的就好，就美；无用的就不好，就不美。人们还不可能把劳动对象单独分离出来作为审美对象。比如以狩猎为主的部落，在装饰上处处体现对动物的爱好和兴趣，以兽皮、兽骨、兽牙、兽毛、羽毛等作为装饰物，在他们的壁画（图4-4）中画的也都是动物和狩猎图案，没有植物。直到进入农耕社会后，植物才成了审美对象。这个时期人们基本上是以“致用”来衡量自然事物的美与丑。

图4-4　原始狩猎壁画

2. 比德　进入殷周时期以后，随着生产力的发展和劳动成果的增加，人们不再以生产实践的对象和成果来划分自然事物的美与不美了，而是把美的自然物与人们的精神生活、道德观念联系起来，作为一种善的象征。此时，自然美与审美就脱离了物质的实用、功利，而进入了更高一级的具有深刻精神意蕴的比德阶段。比如《诗经》中就有描写日出、雨雪、杨柳、长江等自然美的诗句，采用比兴的手法，借以歌颂人与事。孔子对自然美的看法，集中体现了“比德”的观点，在《论语》中有大量记载，孔子说：“智者乐水，仁者乐山。”孔子认为：水滋润万物而无私，给万物带来生机，水由高向低流，舒缓湍急皆循其理，犹如智者达于事理而周流无滞；而山可以使草木生长，鸟兽繁殖，财用增值，给人们带来利益而自己无所求，犹如仁者安于义理，而厚重不迁。孔子对山水的欣赏是因为它们能比附于人的某些美德。自然景物的某些特点和人的道德品质的相似性，使欣赏者把它们两者联系起来，使之成为某种精神品格的象征。“比德”说的缺点是不能引导人们专注于自然景物本身的欣赏，而是用它们来比喻人的德行。“比德”观点的出现，标志着人类对自然美的欣赏有了一个飞跃。但“致用”的观点并未消除，仍然延续下来。

图4-5　九寨沟风景

3. 畅神　在魏晋南北朝时期，人们对自然美的认识又有了一个提升，人们认为自然美丰富多彩，景象万千，它的魅力不仅仅比附人的美德，而是在于能使人陶冶性情，心情舒畅，从娱情畅神的角度来关注和欣赏自然的美（图4-5）。当时涌现出许多描写山水风光的诗歌、散文，如曹操的《观沧海》，描写了大海的宏大气魄。东晋的陶渊明写下了不少田园诗，如《饮酒》等抒写了他隐居地的景色与心境。山水画在此时也成了一种独立的画派。南朝宋时山水画家宗炳著有《画山水序》，专门总结山水画的经验，他说：自然山水为人所好，不过是因为它能“畅神而已”。人们对赏玩山水的爱好，以及大量山水诗、山水画的产生，都表明人们对自然美的欣赏已达到了一个新的高度，从而和现代人对自然美的欣赏衔接起来。

二 自然美的本质

从自然美的产生和发展的历程来看其本质，自然美源于人类的社会实践。自然美是情景交融、物我同一而产生的审美意象，是人与世界的沟通和契合。自然美就是“呈于吾心”而见于自然物、自然风景的审美意象。自然物和自然现象能够成为人的审美对象，是人类社会发展到一定历史时期的产物，需具备的条件：其一，人与自然的关系发生了根本的改变，自然事物的自然属性或自然形式转化为具有一定的审美属性或审美价值形式，自然界成为“人化的自然”。其二，人在“人化的自然”中看到了自己的本质力量，即自己的力量、智慧和才能，从而产生美感。如果说经过人类劳动实践改造的自然物和自然现象，如山川绿化、江河治理等，它们的美体现的是人的本质力量，那么未经人类直接改造过的自然物和自然现象，如日月星辰、电闪雷鸣、大漠荒野等，它们之所以能够成为自然美，则是人类经过长期的社会实践消除了对它们的恐惧感，由原先的敌对关系转变成现在的可亲关系，它们和人类建立了精神性的联系，这些自然物和自然现象虽然还不能通过改变物质形态来显现人的本质力量，但已经打上了人类生活、人类情感和人的本质力量的印记，因而同样具有审美价值，成为审美对象。

第 2 节　自然美的分类

从自然与人类实践活动关系方面考察，美学理论上把自然美分成两大类别，一类是未经人类加工改造的自然美；另一类是经过人类加工改造的自然美。

一　未经人类加工改造的自然美

未经人类加工改造的自然景物之所以能够成为人们的审美对象，其根源在于人的社会实践。虽然它们没有直接打上人的烙印，但它们直接或间接地与人的社会实践和生活发生联系。这类联系包括两种情况。

（一）作为人类物质生活环境的自然景观

人类的生活离不开一定的自然环境，如阳光雨露、山川河流、森林草原。一方面，人必须与自然界保持密切联系，自然作为人的生活环境，人才能表现和延续自己的生命。另一方面，自然物的存在也只有在与人发生了关系，成为人的对象，才可作为人的现实生活的要素及人类生活和人类活动的一部分。比如太阳，它使万物复苏，令整个大地生机盎然。旭日东升，大自然带着一股清新朝气的力量苏醒过来，万物生长靠太阳，所以日出给人的感受是愉快而美好的。而人们欣赏落日时，往往黯然神伤，因为它仿佛是在同生活告别，让人心生一种悲壮的美。但无论是日出还是日落都是美的，太阳是人类物质生活和精神生活必不可少的一个部分，所以，它具有潜在的审美价值，可以为人欣赏，给人以美感。再以大海为例，在远古时代，大海作为一种异己的力量而存在，它与人类的关系是根本对立的。随着人类实践的不断发展，人开始逐渐地认识了大海的性质和规律，认识了大海的浮力可以行船，乘船可以捕鱼，船可以运货、可以乘载旅客以及各式各样的军舰在海上航行，从而使大海与人类，从原本对立的关系逐步改变为可亲可利用的关系，大海也就逐步成为可欣赏的审美对象了。

（二）作为人们审美经验对象化的自然景观

这类自然景观也可以说是被人的审美情趣化了的自然，或者说是被人以审美的态度或眼光对待、关照、创造的自然。在这里，自然人化是以审美经验和审美意识对象化的形式表现出来的，如碧海长空（图4-6）、大漠荒原、惊涛骇浪等。这类自然景观虽也未经人类实践活动的直接加工制造，它们更不能构成人类的物质生活环境，但它们是随着实践活动的跃迁，引起人与自然的关系逐渐发生整体性变化之后，特别是随着审美能力和审美需要的不断提高，而逐渐发生的审美经验和审美意识的对象化的产物。也就是说，这种自然景观或自然之美，只有在人类审美境界达到一定程度才可以欣赏和关照。

图4-6 碧海长空

音乐家贝多芬深情地记下了大自然景色的壮丽给他人生的领悟："在大自然产物的环境之中，我希望一坐几个小时，我的感官饱尝着大自然所孕育和繁殖的儿女们的景色。在这里，庄严的太阳不受人手所造的污秽的屋顶所遮蔽，青天是我至高无上的屋顶。晚间，当我惊奇地静观太空，见到辉煌的众星在它们的轨道上不断运转，这时候我的心灵在上升，越过星座千万里，直升到万古的源泉，从那里，天地万物涌流出来，新的宇宙万象将要永远涌流。"要达到这样深入的美感，发现这样深度的美，是需要在主观心理方面具备条件和准备的。审美经验告诉我们，许多自然物具备审美属性，这是因为它们进入了人类的生活领域，成为审美关系的纽带，是一种审美价值形式。

二 经过人类加工改造过的自然美

这类自然美一般是经人类实践活动加工改造过的人化自然之美。这些自然物形式上凝聚了人的劳动，或者说打上了人类实践活动的烙印，因而具有了审美价值。它又因社会实践形式不同而分为两种。

（一）经过人类物质实践活动加工改造的自然美

图4-7 万里长城

经过人类物质实践活动加工改造的自然美，即人类通过物质实践活动，不同程度地改变了自然原有的形式和面貌，充分体现了人类的本质力量。如人造的森林、整齐的麦浪、碧波荡漾的水库、园林景致，以及经过劳动开发加工后的风景名胜等都留下了人类劳动的痕迹，成为人化的自然。李泽厚说，自然的人化指经过社会实践使自然从与人无关的、敌对的或自在的变为与人相关的、有益的、为人的对象。这种美是人类力量的体现，是人类对自身的敬畏，因其美仍以客观的自然物体现，所以仍在自然美之列，如万里长城（图4-7）、颐和园（图4-8）等。

图 4-8　颐和园

（二）经过人类精神实践活动加工改造的自然美

这类人文景观虽未必经过实践活动的直接改造，但由于人的精神劳动的创造，或者丰富了自然景点的内在意蕴，或者密切了自然与人的关系，或者点化了某种意境。许多自然景点中的精彩绝伦的碑刻题咏、诗文楹联等就有此作用，如云南的“石林”（图 4-9）、海南三亚的“天涯海角”、江西庐山上的“无限风光在险峰”，还有云南“得月楼”的对联“春风杨柳万千条，风景这边独好，飞起玉龙三百万，江山如此多娇”，虽寥寥数语，但往往能起到画龙点睛的作用，甚至创造出景外之景，再如杭州西湖（图 4-10）的十景名称——“苏堤春晓”“断桥残雪”“雷峰夕照”“曲院风荷”“平湖秋月”“柳浪闻莺”“花港观鱼”“南屏晚钟”“双峰插云”“三潭印月”，每一景点的名字，都是一首诗、一幅画，韵味无穷。可见即使好景也还要借助人的精神点染，借景抒情，使景生色，成为情中之景，情景交融。

图 4-9　云南石林

图 4-10　杭州西湖

第 3 节　自然美的审美特征

一　自然美以自然属性为其必要条件

自然美在于自然物本身的属性，如形状、色彩、体积以及对称、和谐、典型性等，它是自然美形成的必要条件。由于构成自然美的物质属性不同，它们所表现的美也就不同，如高山大川的美异于日月星辰，各种动物的美异于花草树木的美等。即使是同一自然物、自然现象，它们的自然属性、状态也不尽相同，因而也显示出不同的美，例如，我国的名山——泰山、黄山、华山、峨眉山等，它们所处的位置不同，气候不同，外形各异，它们的美也各具特色。

由于自然美以自然属性为其物质基础，它虽然和人类生活相联系，但是从根本上来说，它同人类之间是一种自然关系，因此自然美具有历史传承性，一般不受时代、阶级、民族的制约。例如，一些著名的旅游景点，从古至今都是人们休闲旅游的好地方。

二 自然美具有变异性与多面性

自然物的美具有变异性。自然美是一种最活跃多变的天然符号，其变异性主要决定于两方面因素。

首先，人类自身具备的情感因素，即自然事物可以引起人们不确定的联想。自然世界里的美常可以带给人们不同的感受。就如天空中缥缈的云，人们欣赏它的悠闲、洒脱，也就不禁会联想自己可以像它一样从容、轻松。但当乌云密布，天昏地暗时，人们又会带着恐惧与不安注视着它，莫名产生“黑云压城城欲摧”的焦虑之情。人们往往会因自身现状，而对相同的景观产生出不同的情感，对于同一景观，不同的人去欣赏，也都会产生截然不同的审美感受。所以人类的情感因素，在很大程度上决定了自然美审美情感的基调，于是增加了自然美的变异性。

其次，“自然事物本身就是气韵生动的活的形象”。自然界中任何事物都处于永无休止的运动之中，进而也孕育了层出不穷的自然美。大自然随时间的流逝，按照不同的顺序有节奏地运动着，如四季的变更、潮汐的涨落、昼夜的更替等，不同的时间里，可以感受到不同的自然美。如范仲淹在《岳阳楼记》描写春和景明的洞庭湖：“上下天光，一碧万顷；沙鸥翔集，锦鳞游泳，岸芷汀兰，郁郁青青……”平日的洞庭湖“衔远山，吞长江，浩浩汤汤”。风雨交加的洞庭湖则“阴风怒号，浊浪排空”。这样的描写，把洞庭湖在不同时间呈现出的不同的美：壮美、柔美、清丽、活泼展现在人们面前。可见，自然美的变异性，不仅指自然美的形象是不确定的，而且还指这些形象表达了宇宙生命的变奏韵律。

自然美的变异性导致了它的多面性。所谓多面性是指自然物所表现的美的形态不是单一的，而是多方位、多角度、多侧面、多层次的，即使是同一自然景物在不同境况条件下其美的层面、美的程度、美的风貌、美的表现往往不尽相同。宋代诗人苏东坡有一首写杨絮的词：“似花还似非花……细看来，不是杨花，点点是离人泪。”这首词的含义是，对于同一种杨絮，如果人们观察的角度方位不同，那么所得到的审美感觉就不同。要想真正认识事物的美，必须从各个方面去观察他，否则就无法理解它的美。此外，由于自然美的审美意蕴朦胧多义，有时同一自然事物、同一属性也会出现截然相反的审美意义。例如，老虎的本性，就其吃人的凶残来说是丑的，人们在深山中如果突然碰见老虎，会惊恐万状，此时是不会对老虎产生美感的；但就老虎的勇猛来说又是美的，它多彩的毛色、威武的姿态，令人喜爱。

三 自然美具有联想性和寓意象征性

从自然美的形成和发展来看，自然美具有与人类生活相似的一些特征，因而可以成为人们社会生活的一种寓意和象征。车尔尼雪夫斯基说：“自然界的美的事物，只有作为人的一种暗示，才有美的意义。”而这种“寓意”“象征”“暗示”是人们在审美中通过联想完成的。

某些自然物之所以获得审美价值，往往是因为它的某些特征，可以使人联想起人的某些精神、品质、个性、理想等。如中国古代文人喜爱梅、兰、竹、菊（图 4-11），并把它们誉为“四君子”，梅的冰肌玉骨、兰的秀质清芬、竹的虚心有节、菊的坚贞不屈，实际是说人的品格之美。孔子喜欢松树、柏树，是因为“岁寒知松柏而后凋”，他用松柏来比喻人的高风亮节。再比如，宋朝文人周敦颐在《爱莲说》中赞美莲花（图 4-12）：“予独爱莲之出淤泥而不染，濯清涟而不妖，中通外直，不蔓不枝，香远益清，亭亭净植，可远观而不可亵玩焉。”正是借咏莲而咏人，赞美人的孤高自洁之美。今天，在人类生活中带有象征性的自然物到处可见。例如，把长江、黄河作为中华民族的象征，把欣欣向荣的新中国比喻为如日初升。这一切都成为自然物焕发自然美的重要因素。

图 4-11　梅兰竹菊

四　自然美侧重于形式美

图 4-12　莲花

一般来说，美的事物总是体现于内容与形式的统一。然而，自然美与社会美和艺术美的主要区别就在于其内容和形式的统一程度不同，艺术美要求内容和形式高度统一，社会美偏重于内容，而自然美则是形式胜于内容。自然美的内容往往是朦胧的、不确定的，而自然美的形式却是清晰的、具体的、直接引发美感的，使人们在鉴赏自然美时，往往忽略了它所反映的社会内容，而把注意力集中到了它的线条、声音、色彩等形式上。因此形式美在自然美中占据突出显要的地位。

虎踞龙盘的山峦、蜿蜒起伏的长城、绵延不绝的松涛、迂回曲折的岩洞等，描绘的是大自然的线条美、造型美。“大漠孤烟直”是“圆”中见“直”，“长河落日圆”则是“直”中见“圆”，这些线与面的无穷组合，是造化奉献给人类的巧妙构想和精美创造。

青山绿水、蓝天碧海、红日彩霞、青松翠柏等，描绘了大自然的色彩美。杜牧的《山行》描绘的山中秋色，那红于二月花的霜林，令人心醉。朱自清的《绿》再现的是梅雨潭的光色，像荷叶、像碧玉，令人惊叹。“胜日寻芳泗水滨，无边光景一时新。等闲识得东风面，万紫千红总是春。”宋代朱熹的这首诗所写的是当春之时，风光景物焕然一新，东风荡漾拂面而来，百花齐放，万紫千红，皆为春天点染而成。诗中“万紫千红”一句，正是形容了自然风景的色彩美。

泉水叮咚、百鸟鸣唱、寂夜虫鸣、林涛怒吼，描绘的是大自然的声音美。悦耳的节奏旋律，让许多艺术家从中汲取灵感，创造出人间绝响。“两只黄鹂鸣翠柳，一行白鹭上青天”，杜甫的诗句写尽了大自然的色彩美和声音美，这是视觉美和声音美的浑然一体，可谓有声有色，勾画出一派勃勃生机的鲜活而优美的景象。

大自然为人类提供了婀娜的风姿、绚丽的色彩和美妙的音响。因为有了长江的浩瀚、大海的苍茫、五岳的巍峨、松柏的葱茏、明月的皎洁、星光的灿烂，才使人们生活的世界多姿多彩、风情万种。大自然中的色彩、声音、线条和造型等形式的因素，并不是单一地、孤立地、静止地存在着，而是充满了变化发展，在时空运动中将平衡对称、调和对比、韵律节奏不断地重新组合，从而把自然美推向了极致，既让人在静观中感受它的神奇，又在无穷变化中领略它的千姿百态，给人以巨大的审美愉悦。

第4节　自然美的审美与欣赏

一 自然美的审美方法

先要对自然抱有一种欣赏的态度，要有一双会欣赏的眼睛，去感知自然美，这是获得自然美的首要条件。为了更好地领略大自然气象万千、变幻莫测的美，在欣赏自然美时还应注意以下几点。

（一）选择最佳的自然时空与观景角度

首先是节令气候的选择，因为同一景物在不同的自然环境中呈现的面目大不相同。它会受到阳光和雨雪等各种因素的影响，如晨曦和黄昏的景色之所以格外迷人，就在于旭日和夕阳那灿烂而柔和的光色熏染，或洋溢着生命的朝气，或蕴含着眷恋的情怀，皆能使人流连忘返。至于雨雾风霜，在不少情景中，它们不但无损于自然美，还会增添某种特殊的诗意和情趣。如在淡淡的细雨中泛舟漓江，便能领略到一种晴日无法见到的朦胧美。欣赏自然美的空间选择也很重要，要了解对象本身的特点去确定欣赏的位置、角度，如庐山的五老峰、雁荡山的情人岩，往往是移步换景、稍纵即逝。

（二）把自然美同人类创造的美融为一体欣赏

把自然景观同人文景观结合起来，把自然美欣赏同艺术美欣赏融为一体，无疑使自然美欣赏收到更好的效果。如人们游览颐和园和圆明园这些皇家园林时，如果把它同中国近代史结合起来，其中的一草一木自然会渗进深沉的历史意味，引起我们无穷的遐思。倘若人们置身于田野小溪、园林水池，领略大自然的美色，再聆听贝多芬的《田园交响曲》，必然会对自然美和艺术美都有深切的体验，获得双重的审美享受。

（三）展开自由联想和想象

只有把客体的美同主体心灵联结起来，使无生命的自然注入人的情感，才能使自然焕发出情趣，给人更丰富的美感，如我国许多名山都有所谓的“迎客松”，就是因为它的枝干向一侧倾斜、弯曲，大有弯腰伸臂迎客之势。联想和想象可以使我们在欣赏自然美时，获得进一步的精神满足，使美感享受得以升华。

（五）自然美的幽深

所谓幽深，就是指景色深藏、隐蔽、僻静。形成幽静的自然条件往往是丛山深谷，古木浓荫，造成一种幽深、恬静、清新的环境气氛，如四川的青城山（图 4-19），素有“青城天下幽”之称。这里山峰险要，奇岩重叠；涧壑幽深，古木参天；山花烂漫，溪水潺潺，俨然是一座苍翠欲滴的大自然花园。青城山之所以以“幽”闻名，重在“藏”和“雅”两个特征。所谓藏，是指山上古建筑多藏在峰巅之下，如建福宫，就藏在“悬崖峭壁高万丈”的丈人峰下，给人以群峰环列、古木葱茏、上连岩腹、下临青溪的悠然而居之感。所谓“雅”，即青城山建筑多取木石，格局简练，色调素雅，与大自然融为一体，充分反映了巴蜀文化的高雅、洒脱、自然和质朴的风格。唐代诗人杜甫曾写下这样的诗句：“自为青城客，不唾青城地。为爱丈人山，丹梯近幽意。”

图 4-18　漓江风景

图 4-19　青城山

（六）自然美的开阔

所谓开阔就是指广阔、旷美之意。如云南的滇池（图 4-20），以开阔的水面为主体，视野开阔，水面坦荡，滇池大观楼长联中写道：“五百里滇池，奔来眼底，披襟岸帻，喜茫茫空阔无边。”另一首诗写道：“茫茫五百里，不辨云和水。飘然一叶舟，如在天空里。”

内蒙古的大草原（图 4-21）也属于畅旷之美。在草原上视野辽阔，使人胸襟宽广。

图 4-20 云南滇池

图 4-21 内蒙古大草原

三 自然美的审美意义

对自然美的欣赏是进行美育的一个重要方面。鸟语花香人所共爱，清风明月人所共赏。随着物质生活水平的提高，人们对精神生活更加重视，自然美的审美意义主要体现在以下几个方面。

（一）陶冶情操，塑造人格，提高审美能力

自然既是人类物质生活的主要来源，也是人类精神生活的重要寄托。自然美在陶冶人的情操、培育人的完美人格方面，具有独特的作用。自然美清净、质朴的本身，可以洗心涤虑，返璞归真，摆脱尘世社会枷锁的羁绊，练就一种淡泊、随缘自适的人生修养。自然美雄浑壮丽的景象，又可激励人奋发进取的勇气，树立高尚远大的抱负。当代画家刘海粟在登临东海边高山时，曾赋诗“海到天边天作岸，山登绝顶我为峰”，从大自然的浩渺广阔，激发人们勇于攀登的拼搏精神，表现了一种崇高的人生价值观。

大自然还蕴含着无穷深奥的人生哲理，足以启人心智，发人深省，它是人类最好的启蒙导师。正如英国诗人布莱克所说：“一颗沙里看出一个世界，一朵野花里有一座天堂，把无限放在你的手掌上，永恒在一刹那里收藏。”大自然顺应天时、新陈代谢的规律本身，就在启示人们一种穷通达变，俯仰自得的境界。孔子由奔流不息的江水，“逝者如斯夫，不舍昼夜”，领悟到生命之匆匆和宝贵；陶渊明由云鸟出没，“云无心以出岫，鸟倦飞而知还”，联想到人生归宿；王维的“行到水穷处，坐看云起时”，似乎在暗示人们要适时等待以静待变；白居易的“莫道桑榆晚，为霞尚满天”，则告诫人们要珍惜晚年，焕发出灿烂人生。此外，像李商隐的“身无彩凤双飞翼，心有灵犀一点通”，像刘禹锡的“沉舟侧畔千帆过，病树前头万木春”，像苏轼的“不识庐山真面目，只缘身在此山中”等，都是人们在对自然物的观照中悟出的人生哲理。自然界的一切变幻，如“一叶知秋”“雨后春笋”“沧海桑田”等，似乎都在向人们发出信号：只有将人的生命同大自然融为一体，才能体悟到物我浑一的高超境界。

人的审美能力的重要标志是对形式的敏感。大自然是形式美的杰出创造者，无论就形式、色彩、声音，还是就均衡、对比等形式美法则来看，自然美都堪称一流典范。当今，人们总结出的许多形式美的特征和规律，绝大多数来自大自然，体现于大自然。人们在亲近大自然的过程中完成审美的升华与情操的陶冶。自然美是培养人们对自然感受能力的途径，是提高总体审美能力的重要环节，也是陶冶情操，塑造完美人格的重要实际活动。

（二）开阔视野，增长见识

人们欣赏自然美不仅能够使人舒畅心胸、陶冶情趣，而且还可以增长知识。古人说“读万卷书，行万里路”，把旅行、观察作为增长知识的一个重要途径。欣赏和观察自然美，可以使人们由欣赏自然，进一步去认识自然，探索自然的奥秘，推进科学的发展。科学家牛顿就是在观赏苹果落地这种自然现象时受到启发，深入地研究了自然界的引力现象，从而发现了万有引力定律。我们的祖先对许多独特的自然现象都有过重要的观察记载，如发现“太阳黑子”，观察“峨眉佛光”“海市蜃楼”等，并力图从科学上解释这些现象。再比如人们游览桂林的七星岩时，会了解到那些美丽的钟乳石的形成：是由于溶有碳酸钙的地下水具有较大的表面引力，能够吸附在洞顶，难以滴落下来而形成钟乳石，而从洞顶往下滴的碳酸钙溶液和杂质胶结在一起，就形成石笋、石柱。这些石笋、石柱，年复一年地往上“生长”，直到洞顶，对洞顶具有强大的支撑作用。

同样，欣赏自然美还可以学到社会科学知识。有些自然美是和一定的历史联系在一起的，如东岳泰山之所以声名赫赫，首先是因为与秦汉以来历代帝王在泰山封禅有关。真龙天子都来朝拜的地方，自然就雄震天下。因封禅需要又在泰山各处兴造了规模宏大、庄严壮丽的建筑物，如庙宇殿堂、亭台楼阁等。历代帝王还树碑立传，从山脚到山顶题词留念……这些珍贵的历史文物遍及泰山各处，与泰山的自然景色难解难分，融为一体。因此，整座泰山就是一所天然的历史博物馆，它陈列着祖国文化的精粹，闪烁着古代劳动人民的聪明才智。在某种意义上，可以把整个泰山看作中华民族光辉灿烂的古代文化的缩影。通过游览泰山而从中获得一定的历史文化知识。

（三）激发对祖国的热爱

祖国大自然的美，可以激发我们对生活、对祖国的热爱。游历名山大川，欣赏奇峰秀水，培养和激发热爱祖国的情感。古往今来，祖国美好山河曾激发多少爱国志士的雄心，“江山如此多娇，引无数英雄竞折腰”。方志敏烈士曾把祖国的山河比作母亲的肌体，他在《可爱的中国》里写道：“中国土地的产生力是无限的，地底蕴藏着未开发的宝藏也是无限的……这又岂不象征着我们的母亲，保有无穷的乳汁，无穷的力量，以养育她四万万孩儿？……说到中国天然风景的美丽，我们可以说不但是雄伟的峨眉，妩媚的西湖，幽雅的雁荡，与夫‘秀丽甲天下’的桂林山水，可以傲睨一世，令人称羡，其实中国无地不美，到处皆景……这就好像我们的母亲，她是一个天资玉质的美人，她的身体的每一个部分，都是令人爱慕之美。”祖国的大好河山强烈地激发着方志敏烈士的爱国主义感情。我们对祖国山河的热爱，一方面由于自然是我们生活劳动的环境，为我们提供生活资料的源泉，好像母亲的乳汁，养育她的儿女；另一方面自然的美丽给我们提供了精神食粮，丰富了我们的精神生活，更加激起我们对祖国母亲的热爱。

（四）培养人热爱自然的情感

自然美以其独有的魅力不仅陶冶着人的情操，拓展其知识，更激发人对大自然的深深眷恋之情。热爱自然也是热爱生活的一种表现，伟大的革命先驱李大钊在青年时期非常热爱自然，并在赞美中寄托自己的理想、情操。音乐家贝多芬也是酷爱自然的，他曾说“世界上没有一个人像我这样爱田野。”贝多芬在谈到《田园交响曲》时，对他的朋友说：“周围树上的金翅鸟、鹑鸟、夜莺和杜鹃是和我们一块儿作曲的。”正是因为他如此热爱大自然的美，才能谱写出优美、动人的乐曲。

然而，随着人类文明的发展，人们在改造和利用自然的同时，对自然的破坏和损害也日益加剧。城市的浓烟笼罩了蓝天，工厂的废水污染了河流，机器的噪声使人心烦意乱，疯狂的砍伐使森林沦为荒漠，密集的楼群使绿化成为空谈……现代化的进程使人类享受到空前未有的文明，但也造成了人与自然的疏远、隔膜，乃至敌对。长此下去，不但危害人类的健康，而且还将贻害子孙后代。因此，环境保护已成为一个全球关注的重大课题，人类对环境保护提出了一系列方案，自然美育就是其中重要的一环。当人们不但把自然当作利用、改造的对象，而且当作亲近、喜爱的对象时，人同自然的关系就可以大为改善。自然美育在告诉人们怎样去欣赏自然、热爱自然的同时，也提醒人们怎样去保护自然、美化自然，构建自己良好的生态环境，以利于人类更好地生存发展。

（五）强化珍惜生命的意识，调节人的情绪

人同自然是息息相通的，人本身就是自然的一部分，我国古代早有“天人合一”的说法。自然界的万物并非都有生命，但一旦成为自然美的对象，人的情感、想象就会赋予它以生命。比如，月亮本是荒凉冷硬的球体，而在人类眼中，它简直是妩媚的女神。大海原是狂暴无垠的水面，而在人心中，它可以成为宽广襟怀的象征。只要人的情感同自然交流融会，一切无情物都可放射出生命的光彩。“感时花溅泪，恨别鸟惊心”，诗人把自己的情感移植在了自然事物身上，使没有生命的自然事物“花”和“鸟”有如人一般的生命和情感，可以“溅泪”“惊心”，这实际上是一种爱心泛化现象，珍惜自己生命的人应当珍惜别人乃至一切自然物的生命。“爱屋及乌”，反之也会爱屋及人。正因如此，热爱自然就必然热爱生命，热爱生命就必然珍惜生命，更加重视生命的价值。自然美育的目的之一正是在于启示人感受自然造化伟大的同时，懂得怎样做一个自立于天地之间的真正的人。从这个意义上讲，美与善是相通的，自然美育同道德美育是一致的。苏联教育家苏霍姆林斯基认为，爱好自然美的人，对自然赋予爱心的人，必然也会对人类献出善心。他说：“如果一个孩子会深切地关心在隆冬严寒中无处栖身的小山雀，并设法去保护它免遭灾难；能想到保护小树过冬，那么这个孩子待人也绝不会冷酷无情……，如果他为了使那棵孱弱纤细的、毫无抵抗力的幼苗长为粗壮挺拔的大树而用过心，那他就会成为善良、真诚、热忱、富于同情心的人。”

自然环境美就是彻底的为人而存在的美。这种美既具有自然性，更具有为人性，是一种人与自然的和谐之美。环境美的重要功效在于调节人的情绪。当审美主体感受到外部环境的良好刺激时，大脑皮质接受这些刺激信息后便形成一种优势兴奋中心，引起大脑皮质的顺利传导活动，沿着这些传导活动继续追寻审美意蕴，大脑皮质的有关定位系统同时参与进来，而将其余的神经通路暂时关闭，集中指向特定的审美对象，这时就会出现“视而不见、充耳不闻”的心理反应现象——审美主体的凝神观照行为，这样主体就从审美对象中获得无尽的愉悦，祛除不良的情绪，进而激发主体产生防病治病的精神心理因素。所以，环境疗法是疾病治疗的一种重要手段，具体指利用环境的自然美来激发生命主体的强烈感应，使患者在环境美中体味生命的力量、智能、意志、价值和意义，实现对现实和本我的超越和升华，从医学上讲有助于提高机体的免疫力。诗人杜甫在其著名的诗句《江村》中写道：“清江一曲抱村流，长夏江村事事幽。自去自来梁上燕，相亲相近水中鸥。老妻画纸为棋局，稚子敲针作钓钩。多病所须惟药物，微躯此外更何求。”诗中描绘了自然环境的优美，人与环境的亲和，并告诫人们，患病之躯光吃药打针是不够的，更重要的是要多去环境幽雅的地方散心、解闷、畅神。这样，便可以以悦祛病，颐养身心。为此，要清醒地意识到环境美是在生物 - 心理 - 社

会医学模式下医院建设的重要组成部分，其中“森林医院”“绿色医院”“草原医院”等就是其重要的表征。

知识链接

森林医院

国际上把森林对人体的保健功能称为“森林医学”。森林医院是设在森林中的医院，风格独特，没有医生、没有药品，利用森林环境来治疗疾病。森林医院兴起最早是在德国，专门收治生活在大都市中的“文明病”患者。那些因工作压力过大而导致身心发展障碍的人，只需在林间小径和树下泉边散步休息，利用森林所散发的植物精气作为主要治疗手段，经过3～4周的驻足疗养，可彻底消除身心疲劳。森林医学也被称为“森林疗法”。国外的森林医院，尤其是日本，很重视森林医学的利用。

知识链接

日本虚拟治疗

医学界一般用吗啡为癌症患者止痛。但是转移患者的注意力与舒缓他们的情绪，也能达到同样的效果。最近，日本癌症中心医院运用“虚拟现实技术”来舒缓许多癌症患者在接受化疗之前的恐惧与担忧。这种仪器在屏幕上塑造出树林的环境，让患者仿佛置身于大自然，在森林里自在地散步。这时，患者会感觉微风轻吹脸庞，耳边听到小鸟的歌声与枝叶随风摇曳的声音。实验结果显示，这种“虚拟野外环境”的效果十分理想，同时也充分证明自然美在调解情绪方面的作用。

自 测 题

一、单项选择题

1. 下列说法错误的是（　　）
   A. 自然美是一个历史范畴
   B. 自然是全美的
   C. 自然物的审美价值有高低之分
   D. 自然物的审美价值与人的审美意识有关
2. 不属于自然美美育主要功能的是（　　）
   A. 提升审美能力　　B. 培养审美趣味
   C. 塑造人格　　D. 形成审美风尚
3. 下面关于自然美经历的阶段错误的是(　　)
   A. 致用　　B. 比德
   C. 畅神　　D. 抽象
4. 下列哪项不是自然美的审美特征（　　）
   A. 寓意象征性　　B. 变异性和多面性
   C. 侧重于内容　　D. 侧重于形式美

二、判断题

1. 自然美具有陶冶情操、调解人的情绪等作用。（　　）
2. 环境疗法是疾病治疗的一种重要手段，有助于提高机体的免疫力。（　　）
3. 自然环境是人类生存和生活的前提。(　　)
4. 所有的自然风景都是美的。（　　）

三、简答题

1. 如何理解自然美的形成？
2. 自然美发展的三个阶段各有哪些特征？
3. 自然美的特征有哪些？
4. 自然美的审美意义反映在哪些方面？

（王清秀）

第5章 社 会 美

人是一切社会关系的总和。作为审美形态的社会美，与人的社会存在有最密切的关系，也是人们接触最多、最方便欣赏的审美对象，在人自身发展的审美化进程中有着重要地位。尤其在人类社会工业化、全球化的时代背景之下，人们对社会美提出了更多、更广泛的需求。这就要求我们对社会美进行更为深入的研究。

第1节 社会美的内容与特征

一 社会美的内容

（一）社会美的含义

社会美是指社会生活领域的美，是在人的社会实践与社会存在中体现出的审美形态。

知识链接

五讲四美三热爱活动

五讲四美三热爱是中国在20世纪80年代初推广的思想教育宣传活动的内容，其中五讲指讲文明、讲礼貌、讲卫生、讲秩序、讲道德；四美指心灵美、语言美、行为美、环境美；三热爱为热爱祖国、热爱社会主义、热爱共产党。1981年2月25日，中华全国总工会、中国共产主义共青团、中华全国妇女联合会、中国文学艺术界联合会、中国伦理学会、中国语言学会、中华美学学会和爱国卫生运动委员会九个团体联合发出《关于开展精神文明礼貌活动的倡议》，提出要开展“五讲四美”活动。2月28日，中共中央宣传部、教育部、文化部、卫生部、公安部联合发布通知，支持这九个团体关于开展“五讲四美”活动的倡议。1983年2月，中共中央和国务院提出开展“全民文明礼貌月”活动，对“五讲四美”又增加了“三热爱”，成为“五讲四美三热爱”。中共中央还成立了五讲四美三热爱活动委员会，由万里担任主任。

（二）社会美的根源与发展

1. 社会美根源于人的社会实践　社会美最早是从人类的生产劳动活动中产生的。原始人类为了生存、发展，制作生产工具，从事原始的渔猎、采集、畜牧、种植等生产劳动，在与恶劣的自然环境的抗争中获取自己生存的能力。正是从自己的实践活动中，原始人类直观地感知到生产劳动本身及其结果（生产劳动的产品）中体现的人的自由创造的伟大力量，从而产生愉快的情绪。在许多原始艺术作品中，往往都反映了当时人类生产劳动的场景，表现了对人类征服自然的本质力量的赞美与歌颂。例如，中国上古传说中的三皇五帝等圣人，往往都是在生产劳动实践方面对先民做出了突出贡献的人，他们的美名往往来自于此。像有巢氏就是中国远古传说中发明居所的英雄。“上古之世，人民少而禽兽众，人民不胜禽兽虫蛇。有圣人作，构木为巢，以避群害，而民悦之，使王天下，号之曰有巢氏”（《韩非子·五蠹》）。燧人氏（图 5-1）发明钻木取火，烧烤食物，结束了远古人类茹毛饮血的历史，开创了华夏文明。“上古之世，人民少而禽兽众，人民不胜禽兽虫蛇；……民食果蓏蚌蛤，腥臊恶臭而伤害腹胃，民多疾病。有圣人作，钻燧取火，以化腥臊，而民说之，使王天下，号之曰燧人氏”（《韩非子·五蠹》）。神农氏（图 5-2）因发明了农耕技术而得名，他还发明了医术，制定了历法，开创九井相连的水利灌溉技术。

图 5-1　燧人氏

图 5-2　神农氏

2. 社会美随人的社会实践活动的拓宽深入而进一步发展　社会实践活动的范围从根本上决定并影响着社会美的范围，人的社会实践活动范围越来越广，程度越来越深，认识的事物越来越多，掌握的自然社会规律越来越本质，创造的社会美也就在数量和质量两方面得到进一步的发展。狩猎时代动物成为审美对象，农耕时代农作物等植物成为审美对象，工业时代巨轮、火车、飞机等机器成为审美对象。

随着人的社会实践活动范围的扩大，人类实用活动与审美活动出现了相互融合与渗透的趋势，也使社会美的范围由此扩大。现代审美活动的一个动向就是实用物品的审美化。如可口可乐的瓶子形状就体现了曲线美。实用与艺术的融合也存在同样的趋势。文艺复兴以来将艺术分为纯艺术和实用艺术，后者涉及人的物质生活，可以说是社会美的具体体现。现代的工业设计就属于实用艺术。

3. 发现社会美需要人超越现实的功利　社会美的基础是人类的社会实践活动，但并不意味着所有社会实践活动都是美的。社会实践活动具有功利性，能够成为审美对象的社会实践活动，不仅要体现人类正面的价值追求，而且要符合“美的规律”。在现实社会生活领域中，功利关系明显突出，在人们利害的计较中，往往很难以审美的态度来对照自身的生活，这也是社会美被人忽视的一个原因。人们常说的一句话：“并不是这个世界缺少美，而是缺少发现美的眼睛”，说的就是这个道理。

（三）社会美的内容范围

社会美与人类实践活动密切相关，所以它的范围非常广泛，渗透于人类社会生活的各个方面，凡是显现出某种精神价值和自由创造等人的本质力量的社会生活，都可以成为社会美的审美对象。具体来看，社会美的范围大致可以分为以下几个方面：社会实践主体（即人）的美、社会实践活动的美及社会实践成果（即社会存在）的美。其中，人的美，也就是社会实践主体的美是社会美的核心内容。社会实践活动与其成果（社会存在）都离不开其实践主体（人）。

1. 社会实践主体的美　即人的美，包括了人的内在美和外在美两方面，详见本章第2节。

2. 社会实践活动的美　包括各种形式的人类社会实践，如学习工作、日常生活、节日娱乐等。人类社会实践能力不断提高，社会实践活动的范围不断拓展，社会实践活动的美也就呈现出不断扩大与深入的趋势，用越来越多样化的形式展现人类社会实践活动的审美内涵。

3. 社会实践成果的美　是指人类社会实践的对象化形态的美，包括社会人文环境、人类劳动产品、人类文明遗迹、文化传统等社会存在所体现出的人类的创造性与智慧等人的本质力量的美，如秋季田野丰收的麦浪、埃及的金字塔（图5-3）、中国的万里长城、中国的新年习俗。

图5-3　埃及金字塔

二 社会美的特征

（一）社会美是人类社会实践的直接物化形式

社会美直接由社会实践活动所创造，常直接依附于这种活动，因此社会美作为其最直接的物质存在形式，就体现在人类的社会实践活动及其成果之中。从实践活动中最切身的劳动工具、生产与生活材料，再到直接的生产与生活产品，都直接展现了人类合乎规律性的实践力量，凝聚着人类追求美好生活的愿望。这一点与自然美、艺术美有很多差异。它们虽然也是人类社会实践活动的成果，但与人类实践的联系则大多是间接的。

人类社会实践活动是一个历史过程，随着人类实践能力的提高，实践活动领域的不断扩大，社会美也会不断出现体现实践活动的新形式和新成果，具体表现为劳动工具与产品的愈发丰富。

（二）社会美是人类自由自觉的创造性的体现

人与动物的根本区别在于人类的社会实践活动，即人改造外部自然为人化自然的活动，因此自由自觉的创造性就成了人的根本特性。这种特性体现在实践活动及其成果方面时，就形成社会美。人的目的、意识通过人的实践活动体现出来，所以人的实践是自觉的；同时，实践活动合乎现实世界的规律，才能使预设的目的、意识得以在现实世界中实现，所以实践是自由的。人在自由自觉的实践活动中使自身的智慧、才能、力量等本质力量得以物化，以具体对象的形式呈现出来，使人既在实践活动中享受到个人生命表现的乐趣，又在实践产品中用对象化的方式直观感受到自己的自由存在，以此获得审美的愉悦。在这个意义上，人的

植物那样被一层无生命的外壳遮盖住，血脉流行在全部皮肤表面都可以看出，跳动的有生命的心好像无处不在，显现为人所特有的生气活跃，生命的扩张。就连皮肤也到处显得是敏感的，现出温柔细腻的肉与血脉的色泽，使画家束手无策。”这就是人的内在美与外在美融为一体时给人的感受。画家之所以束手无策，就是在于不能通过描绘人的外在形象时表现出内在的生命与精神。

2. 内隐与外显　内在美是一种精神的美感，看不见、摸不着，是内隐的。外在美则可以通过人的感官感知到，是外显的。例如，一个人的人格品德，需要通过其言行才能感知。拾金不昧，才能知其诚实；扶老携幼，才能知其善良；临危不惧，才能知其勇敢。

3. 持久与短暂　内在美比较持久、稳定，外在美的保持时间则比较短暂，容易改变。人的外在美具有时效性，容易受时间、环境等客观条件的影响而发生改变。一般人青春美貌或身强力壮的阶段比较短暂，很快就美人迟暮、年老力衰。而内在美则是人在长期的社会实践中形成的，有相对的稳定性，一旦形成，就不容易改变。所以有“江山易改，禀性难移”的说法。从这个角度来说，我们追求内在持久的美比追求外在短暂的美更有价值。

知识链接

当你老了

（爱尔兰）叶芝著　袁可嘉译

当你老了，头白了，睡意昏沉，
炉火旁打盹，请取下这部诗歌，
慢慢读，回想你过去眼神的柔和，
回想它们昔日浓重的阴影；
多少人爱你青春欢畅的时辰，
爱慕你的美丽，假意或真心，
只有一个人爱你那朝圣者的灵魂，
爱你衰老了的脸上痛苦的皱纹；
垂下头来，在红光闪耀的炉子旁，
凄然地轻轻诉说那爱情的消逝，
在头顶的山上它缓缓踱着步子，
在一群星星中间隐藏着脸庞。

4. 矛盾与统一　外在美与内在美在有些情况下常常发生矛盾，外表美的人不一定心灵也美，外表丑陋的人不一定内心也丑陋。我们说的蛇蝎美人、笑面虎就是这种外在美与内在美矛盾的例子。法国大文豪雨果在其代表作《巴黎圣母院》里塑造的众多艺术形象，就给我们提供了正确认识外在美和内在美矛盾统一关系的生动启示：侍卫队长弗比斯年轻英俊，却是个庸俗虚伪的人；副主教克罗德道貌岸然，却是疯狂阴险的衣冠禽兽；而外表丑陋畸形的“钟楼怪人”卡西莫多，却拥有善良的心地、纯洁的爱情，散发出最真、最美的人性（图 5-6）。当然，这不是要我们否定外在美，也不是要将外在美和内在美对立起来，而是强调外在美和内在美要和谐统一才是真正圆满的人的美。苏轼的诗句“腹有诗书气自华”（《和董传留别》）正表明了内在美对于外在美的积极影响。

图 5-6　《巴黎圣母院》剧照

二 人的内在美

人的内在美是指通过人的行为表现出来的内在精神世界的美。它以道德、人格为核心，包括人格、智慧、情感、道德、理想等方面。高尚的人格、睿智的才能、真诚的情感、崇高的道德、远大的理想等，构成了一个人的内在美。

内在美在人的美中处于核心地位，它决定了人的美，并影响支配着外在美。这不是要简单地一概否定人的外在美，而是强调内在美的本质与核心作用。美丽的外表当然能给人带来“养眼”“悦耳”的美的愉悦，但只有同时具有美好的心灵，这种愉悦才会是深刻、持久、稳固的。不追求内在美的修养而单纯追求外在美的做法，是典型的舍本逐末的肤浅行为。

（一）人格美

人格美是指人的尊严美。其精神内涵是对人类生存与发展的关切，往往表现为明确的价值取向和对人的自由与超越的追求。孔子说过，“三军可夺帅也，匹夫不可夺志也”（《论语·子罕篇》）。《孟子》中所说的“居天下之广居，立天下之正位，行天下之大道。得志与民由之，不得志独行其道。富贵不能淫，贫贱不能移，威武不能屈。此之谓大丈夫”（《孟子·滕文公章句下》），说明了人格尊严是没有等价物的，是任何东西都不能代替的。人生在世，应围绕一个崇高而坚定的目标去努力奋斗，不容其他事物侵犯，从而达到自己思想和境界的完美，完成人生尊严的自我实现。这是生命质量的高品位。中国历史上舍生取义、“留取丹心照汗青”的文天祥，西方历史上坦然赴死的苏格拉底，在火刑柱与认罪书之间选择为真理而死的布鲁诺，都已成为人格美的典范。匈牙利诗人裴多菲的名诗《自由与爱情》：“生命诚可贵，爱情价更高。若为自由故，二者皆可抛”，更是张扬着至高无上的人格尊严。

知识链接

囚　歌

叶挺

为人进出的门紧锁着，
为狗爬出的洞敞开着，
一个声音高叫着：
——爬出来吧，给你自由！
我渴望自由，
但我深深地知道——
人的身躯怎能从狗洞子里爬出！
我希望有一天，
地下的烈火，
将我连这活棺材一齐烧掉，
我应该在烈火与热血中得到永生！

（二）才智美

才智美是指人所具有的丰富学识、睿智才干、过人智慧带来的一种内在美。古今中外的人们都非常推崇那些才智过人的智者，尤其是那些利用他们的智慧对人类的生存与发展做出了杰出贡献的人。例如，中国上古的三皇五帝，他们的发明创造为中华民族的发展做出了极大的贡献。古希腊神话中为人类盗来天火的普罗米修斯一直为西方的人民所歌颂。从古至今，思想家、政治家、科学家、文学家，一直为人们所传颂，就在于此。再如，提出仁爱思想的孔子；统一文字与度量衡，为大一统的中国奠定制度基础的秦始皇；颁布法典，成为后世依法治国先驱的汉谟拉比；计算出圆周率的祖冲之；创立几何学的欧几里得；讲到中国诗歌就必然提到的大诗人李白；讲西方现代戏剧就离不开的莎士比亚……我们人类的历史，从某种程度上说，正是这些才智之士所创造的。

（三）情感美

情感美是指人纯洁、真挚、高尚、健康的情感所具有的美。它是人在长期的社会实践活动中形成的，在快感与实用感基础上升华，超越了狭隘的生理需求与实用需要的一种人类高级的情感形态。它对整个人类族群的生存发展有着积极正面的作用。它包括爱国爱家乡、同情、爱情等情感的美。

1. 爱国爱家乡的情感美　中华民族自古以来就有爱国爱家的传统，在大一统的国家形成以后，维护国家的团结统一，建设繁荣富强的中国，更是成为爱国主义精神的情感体现。为此，无数仁人志士为之前仆后继，成为中华民族民族精神的鲜明特征。从为祖国楚国安危奔走呼号，被流放后仍心系故国，在获悉祖国灭亡后，自沉汨罗江，以身殉国的屈原；到虎门销烟，在鸦片战争中奋勇抵抗外国侵略，战争失败后被谴戍新疆时，仍写下“苟利国家生死以，岂因祸福趋避之”爱国诗句的林则徐；再到中华人民共和国成立，为了建设国家，而放弃了国外的优裕生活，冲破重重阻力，回到祖国，甚至为此隐姓埋名的两弹元勋。当毛泽东在天安门城楼上庄严宣告：中国人民站起来了！中国举国欢腾。正是这种爱国主义的情感感染了我们所有中国人。

知识链接

图 5-7　人民英雄纪念碑

人民英雄纪念碑碑文

正面：人民英雄永垂不朽（毛泽东主席题写）（图 5-7）。

背面：三年以来，在人民解放战争和人民革命中牺牲的人民英雄们永垂不朽！

三十年以来，在人民解放战争和人民革命中牺牲的人民英雄们永垂不朽！

由此上溯到一千八百四十年，从那时起，为了反对内外敌人、争取民族独立和人民自由幸福，在历次斗争中牺牲的人民英雄们永垂不朽！

（毛泽东主席起草、周恩来总理书写）

家乡是国家的组成部分，爱家乡的感情在一定程度上也是爱国之情的一种具体表现。乡情也是中华民族自古以来所推崇的一种正面的情感。尤其是漂泊他乡的游子，更是充满对家乡的深深思恋之情。不论是家乡的山水草木，还是家乡的亲朋好友，都成为异乡游子一往情深的对象。中国传统文化中对此有太多的描述：游子在外，会“举头望明月，低头思故乡”（李白《静夜思》），好不容易得以回乡，却又“近乡情更怯，不敢问来人”（宋之问《渡汉江》），担心“儿童相见不相识，笑问客从何处来”（贺知章《回乡偶书》）。成功了，要回乡炫耀，“富贵不归故乡，如衣绣夜行，谁知之者！”（项羽）；失败了，可回乡疗伤，“只应守寂寞，还掩故园扉”（孟浩然《留别王维》）；人在他乡，最终都想落叶归根，回归故乡，“羁鸟恋旧林，池鱼思故渊”（陶渊明《归园田居》）。

2. 同情美　人们生活在同一片土地上，作为同类，相互依存、相互帮助，乃至对于生活在这个星球上与我们人类相互依存的其他生命，都真诚地关心与同情，这种情感也是内在美的一种具体的情感体现。孔子说过：“仁者爱人。”孟子提出：“老吾老，以及人之老；幼吾幼，以及人之幼。”张载说过，“民吾同胞，物吾与也”，是说人们是我的兄弟，动物（万物）是我的朋友。史怀哲提出，“我的生命对我来说充满了意义，我身旁的这些生命一定也有相当重要的意义。如果我要别人尊重我的生命，那么我也必须尊重其它的生命”，“除非你能够拥抱并接纳所有的生物，而不只是将爱心局限于人类而已，不然你不算真正拥有怜悯之心”。中国汶川地震发生后，震区民众的互相帮助，全国乃至世界人民对震区的无私援助，表现了人们对同类所受灾难的同情。《一个真实的故事》这首动人的歌曲，讲述了养鹤姑娘徐秀娟用自己的生命诠释着对自然界的热爱这种同情美，表现了人类崇高的情怀。

知识链接

一个真实的故事

歌词：

有一个女孩她从小爱养丹顶鹤，在她大学毕业以后她仍回到她养鹤的地方，可是有一天她为救那只受伤的丹顶鹤，滑进了沼泽地就再也没有上来。（独白）

走过那条小河你可曾听说，有一位女孩她曾经来过。走过那片芦苇坡你可曾听说，有一位女孩她留下一首歌。为何片片白云悄悄落泪，为何阵阵风儿听她诉说。喔～啊～，还有一群丹顶鹤轻轻地轻轻地飞过。

走过那条小河你可曾听说，有一位女孩她曾经来过。走过那片芦苇坡你可曾听说，有一位女孩她再也没来过。只有片片白云悄悄落泪，只有阵阵风儿轻轻诉说。喔～啊～，还有一群丹顶鹤轻轻地轻轻地飞过。

3. 爱情美　是指男女相爱的感情带来的美。爱情是一种在生理方面的性需求基础上与无偿的服务与友谊关系的结合体，并具有种族延续的社会需求的情感。对作为“一切社会关系的总和”的人来说，爱情更多表现为一种精神和社会的需求。它具体表现为爱情双方接纳、保护、理解、陪伴、依恋、占有、认同的关系。纯洁、忠贞的爱情是建立良好的婚姻、家庭的基础，而幸福、和睦的家庭是建立和谐社会关系的重要因素，这对整个人类的繁衍、发展有着积极的作用。而从个人方面而言，对爱情对象的自主选择，也是符合人自由自觉的创造性的要求，体现了人的自身发展对超越性与自由的追求，进而也符合整个人类发展的要求。生活中正是有了爱情美，才充满了欢乐与活力。正因为如此，自古以来爱情就成为人类讴歌不绝的永恒主题，在现实里、传说中、艺术上，才有那么多的爱情故事流传。热恋时对天盟誓：“上邪！我欲与君相知，长命无绝衰。山无陵，江水为竭，冬雷震震，夏雨雪，天地合，乃敢与君绝”（《上邪》）。愿望是“执子之手，与子偕老”（《击鼓》），“愿得一心人，白头不相离”（卓文君《白头吟》）。分离时，两心如一，“身无彩凤双飞翼，心有灵犀一点通”（李商隐《无题》），稳固持久，“两情若是久长时，又岂在朝朝暮暮”（秦观《鹊桥仙》），甚至死亡也不能阻断，“十年生死两茫茫，不思量，自难忘”（苏轼《江城子·乙卯正月二十日夜记梦》）。

知识链接

让我的爱，
像阳光一样包围着你，
而又给你，
光辉灿烂的自由。
（泰戈尔《流萤集》）

（四）道德美

道德美是指人的合乎道德的行为、品质和境界的美。它是社会生活中符合社会善恶标准的行为规范在个人行为与思想方面表现出来的一种内在美。孔子自述在70岁时达到的“从心所欲而不逾矩”的境界就是一种道德美的境界。

道德美以“善”为核心。符合社会中大多数人的利益，符合社会历史发展的规律，推动社会进步的道德行为就是善的。善行就具有道德美。它具体表现为社会公德、职业道德、家庭美德等方面。“己所不欲勿施于人”、尽职尽责、尊老爱幼、诚实守信等都是符合道德美的具体行为。

在2003年我国抗击“非典”的斗争中，涌现的一大批置个人安危于度外，恪尽职守、勇于奉献的医护人员，正是道德美中恪守职业道德的典范。

知识链接

南丁格尔

图5-8 南丁格尔像

弗洛伦斯·南丁格尔（1820—1910），英国女护士，出生于意大利佛罗伦萨。欧美近代护理学和护士教育创始人。“5·12”国际护士节设立在南丁格尔的生日这一天，就是为了纪念这位近代护理事业的创始人。其父是旅意英侨，家庭十分富有，内阁大臣们是她家的常客。南丁格尔本人受过正规的高等教育，自童年开始，即对护理工作深感兴趣。在青年时期，她已不满足于贵族生活，决心从事一项值得为之奋斗终身的事业。她不顾世俗的偏见和父母的反对，毅然投身于当时只有最低层妇女和教会修女才担任的护理工作。1854年克里米亚战争爆发，《时代》杂志记者威·罗莎的战地快讯，揭示了英国伤病员“缺乏最普通的病房简易用具”，震动了英国社会，唤起公众对护理工作的注意。当时的首相西德尼·赫伯特，自然想起邀请他的朋友南丁格尔去做好这件事，这正与南丁格尔的愿望不谋而合。她和38名护士远赴前线斯库塔里医院，开始她那伟大崇高的护士生涯。当时用品缺乏，水源不足，卫生条件极差。她克服种种困难，改善医院后勤服务和环境卫生，建立医院管理制度，提高护理质量，使伤病员死亡率从42%迅速下降到2%。南丁格尔不仅表现出非凡的组织才能，而且对伤病员的关怀爱护感人至深。她协助医生进行手术，减轻患者的痛苦；清洗包扎伤口，护理伤员；替士兵写信，给以慰藉；掩埋不幸的死者，祭祀亡灵……，每天往往工作20多个小时。夜幕降临时，她提着一盏小小的油灯，沿着崎岖的小路，在4英里之遥的营区里，逐床查看伤病员。士兵们亲切地称她为“提灯女士”“提灯女神”“克里米亚的天使”。伤病员写道：“灯光摇曳着飘过来了，寒夜似乎也充满了温暖……我们几百个伤员躺在那，当她来临时，我们挣扎着亲吻她那浮动在墙壁上的修长身影，然后再满足地躺回枕头上。”这就是所谓的“壁影之吻”。因此，“举灯护士”和“护士大学生燃烛戴帽仪式”，也成为南丁格尔纪念票和护士专题邮票的常用题材。

（五）理想美

理想是人们在实践中形成的、有可能实现的、对未来社会和自身发展的向往与追求，是人们的世界观、人生观和价值观在奋斗目标上的集中体现。理想美是指人类个人或群体的理想有利于人类文明的进步，符合大多数人的利益，有利于人的创造性的发挥和人的全面发展时所具有的美。古今中外人们所赞美的理想美，往往超越了人“趋利避害”的生物性，而表现出人的自觉、自由的创造性的理想。神农尝百草，是为了解除先民疾苦，充满了无私奉献的理想美。范仲淹提出的“先天下之忧而忧，后天下之乐而乐”（《岳阳楼记》）的政治理想就体现了先人后己的理想美。谭嗣同为实现变法强国的理想，打消人们对腐败满清政府的幻想，不惜以自己的生命来唤醒国人，这是以身殉道的理想美。

知识链接

周恩来“为中华之崛起而读书”

周恩来从小志高。1911年，周恩来离开家乡，来到了当时帝国主义列强争夺焦点的东北。13岁的他进了沈阳东关模范学校读书。一次修身课上，校长亲自为学生上课，题目是“立命”。魏校长向同学们提出了一个问题：“请问诸生为什么读书？”同学们踊跃回答，有的说：“为做官而读书。”也有的说：“为挣钱而读书。”“为明理而读书。”……周恩来一直静静坐在那里，没有抢着发言。魏校长注意到了，打手势让大家静下来，点名让他回答。周恩来站了起来，清晰而坚定地回答：“为中华之崛起而读书！”魏校长听了为之一振！他怎么也没想到，一个十二三岁的孩子，竟有如此的抱负和胸怀！他睁大眼睛又追问了一句：“你再说一遍，为什么而读书？”“为中华之崛起而读书！”周恩来铿锵有力的话语，博得了魏校长的喝彩：“好啊！为中华之崛起！有志者当效周生啊！”

三　人的外在美

人的外在美是指人的相貌、体态、仪表、行为、语言等所表现出来的美。它包括人体美、仪表美、举止美和语言美几个方面，其中人体美和仪表美侧重于人的静态之美，举止美和语言美侧重于人的动态之美。

人的外在美是人的美的基础，一个人先天的生理条件是人的外在美的自然前提，而后天社会环境的影响对人的外在美也起着重要的作用。人的外在美是一种形式美，诉诸欣赏者的视觉、听觉等直接的感官，无须长期的观察或深入的分析。因此，在一些接触时间短暂的社交场合，如面试、相亲等，它就成为人们彼此认识的主要依据。为了给陌生人留下美好的第一印象，就对人的外在美提出了更高的要求。

既然人的外在美是形式美，人的外在美与否的标准就可以从形式美的构成要素是否符合形式美的基本规律方面来判断。从人外在方面可以通过感官感知的色彩、形象、声音、材质、气味等因素，是否符合对称与均衡、调和与对比、比例与匀称、节奏与韵律、多样与统一等规律，来判断其人的外在美。同时，人的外在美又是作为内在美的外在表现形式，外在形式要和内在本质相一致，只有真正体现了内在美的外在美才是真的美。

知识链接

人的外在美的心理学研究

1996年，科学家对人的外在美进行了一项心理学研究。

研究对象是美国明尼苏达大学的752名新生。

研究内容：让他们随机配对跳舞，并对舞伴进行评价，并报告对再次约会的渴望程度。

影响约会的可能因素：智力水平、独立性、敏感性、诚恳性、外表。

结果：外表影响最大。男性和女性把外表吸引力放在同样重要的位置。

说明：外表吸引是客观存在的，尤其在交往初期。

还得出了一组有趣的数字：50%、40%、10%。

50%：第一印象的形成50%与外表有关。其中，服装的颜色又占外表分的50%。暖色——亲切、热情，冷色——严肃和距离感。

40%：40%与声音有关。音调、语气、语速、节奏等声音特质都能影响对方的感受。

10%：语言内容。

启示：在社会交往中应选择一定的装束、言辞、表情或动作，以期给他人产生独特的印象。

（一）人体美

1. 人体美的含义　人体美是指基于人的先天生理条件而表现出来的人的相貌、体型、肤色等形体方面的美。它包含两层含义：一方面是指作为自然因素的人体美，即人体在正常状态下的形体结构、生理功能和心理过程的协调统一；另一方面是指作为社会实践因素的人体美，即人体的形式因素所受到的个人的社会生活经历以及人类的社会文化环境改造而形成的美。可见，现实的人体美是自然因素和社会因素的统一。

2. 人体美的要素与审美要求　人体美中，形体、比例、曲线、色彩等形式因素起着很大作用。人体的肤色（色彩）、人体的空间形态（线条）和人体的和谐统一（比例）是构成人体美的三个主要要素。

（1）对人体肤色的审美要求：红润、光洁、透明、细腻。《诗经》中对美女的描绘“肤如凝脂”正是这一要求的形象体现。这样的肤色会带给人光彩照人、精力充沛的美感享受。

（2）对人体空间形态即形体线条的审美要求：苗条、丰满。人体的线条由直线和曲线共同组成，二者间的关系造成了不同的形体：曲线紧贴直线向内凹陷的干瘦型；曲线掩盖直线且向外膨胀的肥胖型；以直线为主的直线与曲线协调组合的苗条型；以曲线为主的曲线与直线协调组合的丰满型。苗条型和丰满型的人体能给人以美感：苗条型人体给人以轻巧、精练之感；丰满型人体给人以充实、舒畅之感。

（3）对人体的整体比例的审美要求：左右对称、比例均衡、体型匀称（图5-9）。①人体外部形态构造都是左右对称的。面部以鼻梁为中线，左右两眉、双眼、双耳、两嘴角、两侧牙齿都对称；胸部以胸骨为中线，两侧胸廓、双乳对称；上肢、下肢也都对称。②人体比例均衡指人体器官间的对比关系要符合一定的比例。比如人们认为，符合“黄金分割”这一比例的形体是最美的。将人体以肚脐为界分成上下两部分。上部分又分为从头顶到咽喉，从咽喉到肚脐；下部分分为从肚脐到膝盖，从膝盖到脚掌。它们之间的比例关系就符合黄金分割。③体型指人体外形特征与体格类型，它由骨骼架、肌肉和脂肪三个要素构成，体型匀称指身高适度，比例匀称，线条流畅，内涵饱满。基本标准：骨骼发育正常，关节不显得粗大；肌肉发达匀称，皮下脂肪适量；五官端正，与头部配合协调；双肩对称，男宽女圆；脊柱垂直，侧面弯曲正常；胸部隆起，背部略呈“V”字形；女性乳房丰满而不下垂，侧面有明显曲线，下腰细而圆实，微呈圆柱形，腹部扁平；男性腹肌块隆现，臀部圆满适度，腿长，大腿线条柔和。

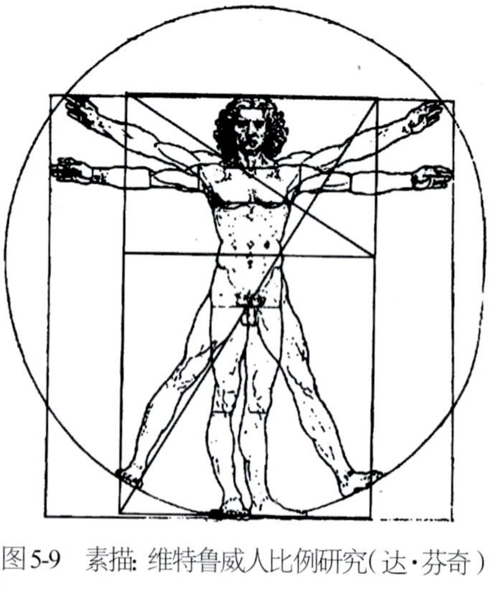

图5-9　素描：维特鲁威人比例研究（达·芬奇）

3. 人体美是“健、力、美”统一的美　人体美的形式因素要和人的内在美结合，最终显现出人的感性生命，成为“健、力、美”三要素的有机结合。也就是说外在人体的形式美，应表现内在的健康、健壮（健）与活力（力）。在这方面，早在古希腊时期，人们就十分推崇这种人体的完美。当时，“青年人大半时间都在练身场上角斗，跳跃，拳击，赛跑，掷铁饼，把赤露的肌肉练得又强壮又柔软；目的是要练成一个最结实、最轻灵、最健美的身体”（丹纳《艺术哲学》），由此也影响了西方文化传统对人体美尤其是裸体美的欣赏习惯。

4. 影响人体美的因素　人体美既受到人作为生命体的自身因素的影响和制约，又受到人作为社会实践产物的外部因素的影响和制约，处于一个动态的变化过程之中。影响人体美的因素主要有：

（1）遗传因素：遗传是决定一个人形体特点的最关键因素之一。俗话说的“儿像母，女像父，外甥像舅舅”，说的就是遗传的影响。有研究表明：遗传对身高的影响很大，男性为75%，女性为92%；遗传对体重的影响稍小，尤其是对女性，男性为63%，女性为42%。可见女性体形的可塑性更强，受后天因素影响更多。

（2）性别因素：人体美在性别方面存在其特殊性。男性与女性在肤色、形体、比例等方面存在一些不同的标准和要求。就形体线条而言，男性是壮美型，女性是柔美型。男性的形体美强调具有挺拔魁梧的身材，健壮匀称的体格，宽宽的肩膀，宽厚的胸膛，结实的肌肉，整个体型呈倒梯形，线条更富于直线美；女性的形体美则突出其柔韧苗条的身材，健美挺秀的体格，由隆起的胸部、纤细的腰部、丰满的臀部组成“S”形的曲线美。

（3）年龄因素：从出生到生命结束，人的体形随年龄的变化而变化。头部与躯干和四肢的比例是其中变化最大的，胚胎2个月时，头高为身高的1/2，出生时为1/4，成年时为1/7。人的体重从出生起不断增加，到15岁时比较稳定，24岁后又开始增加，更年期时增加更快。生命作为人体美的载体，人体美也随生命进程的生长、发育、生殖、衰老、死亡等阶段而变化。衰老使人体美减色，死亡使人体美消失。

（4）疾病因素：疾病常常对人体美带来负面影响。如天花患者，即使病愈，也会在额头、面颊、腕、臂、躯干和下肢等部位的皮肤上遗留瘢痕，俗称“麻斑”，严重影响人体美。患小儿麻痹症的人往往会造成瘫痪、骨骼畸形。

（5）心理因素：心理也可以影响人的形体，如有些人肥胖的原因就是由于情绪抑郁而不由自主地吃得过多所致。还有一种神经性厌食的人，也是由于心理因素导致进食过少，容易呕吐而导致体形偏瘦。伍子胥过昭关，一夜白头的故事，形象地说明了内心焦虑能够使黑发变白。

（6）社会因素：社会文化环境会影响到美的标准，也会影响到人体美。这种影响有好也有坏。中国先秦时，“楚王好细腰，宫女多饿死”，在当时楚王宫中，宫女以细腰为美。17世纪欧洲很流行女子束腰，目的是使女性形体特征放大、突出，从而增强女性的曲线美。很多女性为了追求细腰，甚至请求医生取下最后一根肋骨以缩小腰围。现代的模特界以骨感的瘦为美，许多女模特的身材、体重数据远远低于正常的健康水平。对此，我们应该有正确的判断，坚持“健力美”统一的人体美原则。

（7）其他因素：地理位置、内分泌激素、睡眠、饮食、体育运动等因素也会影响人体美。

（二）仪表美

1. 仪表美的含义　仪表美是指人们在自身容貌、形体等先天条件的基础上，通过修饰打扮、衣着得体、配饰适宜等后天努力而形成的一种人的外表的美。它一般包括修饰美（即化妆美）与服饰美。

2. 仪表美的审美原则 仪表美是一种形式美，主要从视觉、嗅觉感知的色彩、形象、味道等方面的形式因素来考虑是否符合形式美的相关规律。人具有社会性，人的仪表美也受到社会文化环境因素的影响和制约。从操作层面来具体分析，仪表美应遵循以下三条基本原则：

（1）整洁：整齐、干净是仪表美的首要要求。蓬头垢面、衣冠不整是算不上美的。

（2）自然：人的仪表要符合人自身作为自然与社会实践产物的特质，不能给他人以矫揉造作之感。例如，现代社会男性一般留短发，女性留长发，有显示性别特征的作用。男性头发长点，女性头发短点当然可以，但总有个界限。女性如果剃光头，就不太妥，又不是出家人。

（3）得体：修饰美化自己的仪表时要注意自身特点、身份与所处场合。

1）**仪表符合自身特点**，就要注意扬长避短，尤其是避短。例如，脖子短的人就不宜穿高领衫，而应穿 U 领或 V 领。腿又粗又短的女生就不宜穿超短裙。

2）**仪表符合身份**，就是要为自己正确定位。具体来说，就是要注意以下几个差别：①**男女之别**。男人要像男人，女人要像女人。虽然现在着装有中性化的倾向，但也得注意男女有别。例如，西装的扣子，男人的是在右面的，而女人的则是在左面。裙子一般都是女人穿的，男人是不可能穿裙子的。②**长幼之别**。人的年龄是有区别的，在仪表上就要体现出来。如果一位六十多岁的大妈做少女打扮，脚踩松糕鞋，腰穿超短裙，身背小背囊，头架太阳镜，脖挂小手机，那就不好了。③**职业之别**。职场中的仪表要注意不同职业有不同的要求。例如，教师、公务员、公司白领、军人、警察等仪表上就要求庄重、保守一些；而娱乐界人士则追求个性，甚至奇装异服都可以。④**职位之别**。这里主要指仪表着装要关注其地位差异。董事长要像董事长，总经理要像总经理，员工要像员工。例如，一家跨国公司的男性董事长，在重要场合的着装就要注意其品牌，因为这是其企业实力和个人教养的表现。相反，一个街上卖水果的，穿一身几万块钱的国际名牌卖西瓜，也不妥吧？⑤**民族之别**。在一些需要体现出民族性的场合，仪表方面要有民族之别，例如，苏格兰人中男性穿的苏格兰裙；中国女性穿的旗袍，男性穿的唐装、中山装；日本人穿的和服等。

3）**仪表区分场合**，就是要根据不同场合的基本要求来考虑自己的仪表。从仪表礼仪的角度看，实际存在下列三大场合：其一，**办公场合**。是指上班时间在工作岗位上处理公务的场合。其对仪表的基本要求是庄重保守。如着装就穿正装、套装、套裙或制服，没有的则要穿长衣、长裤、长裙。其二，**社交场合**。是指工作之余的交往应酬，如宴会、舞会、音乐会、朋友间的聚会、各种派对沙龙等。其对仪表的基本要求是时尚个性，就是要与众不同。如着装就穿时装、礼服或民族服装。其三，**休闲场合**。是指工作、社交之外的个人活动场合，如在家休息，观光游览，逛街购物，健身运动等。其对仪表的基本要求是舒适自然。如着装就比较随意，穿牛仔装、运动装、沙滩装、T 恤、短裤、凉鞋等都行，只要不触犯法律，不违反伦理道德即可。

3. 仪表美的要素和审美要求 仪表美包括在人体自身容貌、形体上进行的修饰化妆带来的修饰美，以及通过穿着得体的服装、佩带适宜的配饰呈现的服饰美。修饰美又分为不使用化妆品的自我修饰（即仪容）与使用化妆品的自我修饰（即化妆）两种情况。服饰美又分为服装与配饰两种情况。仪表美的总的审美要求是突出、强化人体本身的美，掩饰、弥补人体本身存在的缺陷。

（1）修饰仪容的要素与审美要求：社交时人们对彼此仪表的关注点一般在脸与手，其审美要求具体如下。

发型——整洁、规范、长短适度、款式合适。头发要常洗、常理。男性头发长度遵循“前发不覆额，侧发不掩耳，后发不及领”的原则，女性在办公场合长发不宜过肩，长的要通过扎成发髻等方式挽起来，款式应庄重大方。

面部——整洁，注意多余毛发，如胡须、鼻毛、耳毛等。正式场合男性一般不蓄须，适时修剪，不要胡子拉碴，鼻毛不出鼻孔，耳毛不出耳孔。

口部——清洁，无异物与异味。不在口腔齿缝留下食物残渣，去正式场合前不吃有异味的东西，如韭菜等。

手部——清洁，无创伤，不涂彩色指甲。指甲长度适度，不能太短，也不能太长，一般不能长于指尖。

（2）化妆的审美要求：与我们普通人的想法不同，化妆并非舞台表演时才用，或者只有女性才用。随着社会生活水平的提高，它的运用越来越广泛，当然也要求我们对它有更深入的认识。就以化妆品的类别来说，就有美容的、美发的、护肤的、除味的（如香水）之分，它在人们的生活和工作中用得越来越多。由于以前生活水平较低，加之有关教育的缺失，很多人对化妆的知识缺乏了解，下面我们就来具体谈谈化妆的审美要求。

1）自然。除了表演的需要外，一般人化妆是为了突出自身外表的优点，掩饰其缺陷，不是让别人认不出自己，所以要化自然的淡妆。尤其对很多职业女性来说，要求“化妆上岗，淡妆上岗”。而淡妆的要求是，化妆之后，自然而然，没有痕迹，给人以天生丽质之感。

2）美化。一般人化妆是要让自己变得更美，所以要符合常规的审美标准，而不可异化、标新立异，尤其是在正式场合中。

3）协调。一是化妆品之间要协调。例如，一个人用的不同化妆品香型应相同或相似，像洗手液、浴液、洗发液、香水等宜采用一个香型。二是化妆的各个部位要协调。例如，手指甲和脚指甲的甲彩（彩色指甲油）同为一色，甲彩、唇彩同为一色，腮红与眼影为一个色系。三是化妆与服饰要协调，例如，唇彩与围巾、衬衫同色。

知识链接

香水的使用

1. 香水的类型　浓香型、清香型、淡香型、微香型。通过香水瓶一般就可以区分。不带喷头的小瓶香水瓶里是香精或浓香型、清香型香水，带喷头的香水瓶里是古龙水、化妆水或淡香型香水。

2. 用量　宜少。不带喷头的抹一两滴即可。

3. 用法　不带喷头的用抹，带喷头的用喷。

4. 位置与作用

（1）耳垂之后：控制头发味道。

（2）下颌之下：一般距离衣领一到两指之间，控制汗味。

（3）裙摆附近：穿裙子时，及膝裙在膝盖后面的膝窝，长裙在踝骨附近，让香味随裙摆摇曳自然推出去。

（4）手腕：穿长袖时控制汗味。

（5）腋下：穿短袖时控制汗味。

5. 使用禁忌　避人。使用时要回避他人，不在人前使用。

（3）服装的审美要求：不能脱离服装在实用等方面的功能要求来孤立地谈审美的要求，在整洁、得体的基础上才能谈美。

服装的功能：①实用功能。可以御寒、防暑，还有遮羞以及表现各种人伦关系、社会与交际礼仪等伦理方面的功能。例如，面料要与款式用途相匹配，运动服应选择棉质布料，西服则要选择挺括的布料。冬季服装要厚，保暖；夏季服装要薄、透气、吸汗。②**身份功能**。靠服装可以区别人在年龄、性别、民族、区域、职业、等级、时代等方面的不同身份。例如，军人穿的制服可以区别其职业，而军服的军衔标志可以区别其在军中的等级，是军官还是士兵，军官中是将官、校官还是尉官。③**审美功能**。服装不仅能美化人的仪表，还能表现人的个性，体现一个人的文化素养和精神风貌。俗话说的“佛靠金装，人靠衣装”，讲的就是服装的审美功能。

服装的审美要求可以概括为以下原则：

1）**简约**：现代社会对服装的审美越来越倾向“简约即美”这一原则。从这一原则出发，审美要求有以下几方面。其一，**色彩要少**。如穿西装时有所谓“三色原则”，全身的颜色不能多于 3 种。包括上衣、下衣、衬衫、领带、鞋子、袜子在内，颜色限制在 3 种之内。在正式场合，往往穿深色的同色套装、领带、袜子，白色衬衫，黑色皮鞋。其二，**款式要简**。高档品牌的服装都以简洁为美。这种时装，只要自己身材没有变化，10 年之后穿出来依然是时尚的，不会过时。因为其简洁、脱俗，但又高雅大方。其三，**点缀要少**。服装在选择搭配时，用作装饰陪衬的物品要少。配饰要少，服装本身的东西要少，如蕾丝花边、绣球、金属扣、装饰链，越简单越好。

2）**协调**：要求服装的各种形式因素有机组合，使差异性在整体中消融，构成一个协调一致的统一体。根据不同的场合，服装协调的风格要求也有所不同。办公场合要求庄重保守，服装外形上要对称，质料色彩等要一致，且色彩宜采用纯色、深色，因此穿套装、制服为好，能给人安静、稳定、端庄的美感。比如正装西装颜色是单色、深色，一般为黑、灰、蓝、咖啡色，首选黑色；全身的服装，包括上衣、下衣、衬衫、领带、鞋子、袜子在内的颜色不多于 3 种，穿在外面的衣裤鞋袜应同为深色。社交场合要求时尚个性，服装则更追求均衡、调和、对比，在适度的规整感与秩序感的基础上，给人以一致中显出活泼、稳定中透出动感的美感。如时装外形上就不追求严格的对称，而是大体相当或互相呼应的均衡；颜色上也不要求一定同色，而是追求调和与对比。例如，把暗青色与淡青色、粉红色与大红色等同一色相、明度较近的色彩搭配，把红与黄、橙与黄、蓝与绿等邻近色相搭配，上衣与下衣颜色不同却又相近，用调和的形式法则，给人以协调、融合的美感。像西装衣裤的黑色与衬衣的白色构成对比，给人以鲜明、振奋、醒目、活跃的美感。且对比色相配时要构成补色（补色是色环直径两端的成对色，它们调和后产生中性灰黑色，因而互为补色）关系，既有鲜明感，又有调和感，才会产生美感。黄对紫、青对橙、红对绿的互补最为典型。因为纯色明度不同，为了不影响调和感，要避免两种补色色块的面积相等。歌德把黄、橙、红、紫、青、绿六色纯色明度数比规定为 9 ∶ 8 ∶ 6 ∶ 3 ∶ 4 ∶ 6，因此由黄色与紫色两种颜色组成的服装，其面积之比为 3 ∶ 1。如果黄色面积增大，则明度与纯度必须降低才能保持均衡。

服装的协调，不仅仅指服装本身形式因素的有机组合，还包括服装与配饰相配，服装与人的形体、脸型、肤色等仪表因素相配，乃至遵循 TPOP 的原则（Time 时间、日期、季节，Place 地点、场所，Occasion 仪式，Profession 职业、身份）。

因此，违反上述审美原则的一些着装行为是我们要力求避免的，尤其在办公场合：一是**过分杂乱**，如西装配布鞋，套裙配露趾凉鞋。二是**过分鲜艳**，如违反西装的三色原则。三是**过分暴露**。正式场合有六不露：不暴露胸部、不暴露肩部、不暴露腰部、不暴露背部、不暴露脚趾、不暴露脚跟。四是**过分透视**。即透过外衣看到内衣。五是**过分短小**，如穿短裤、超短裙、露脐装、小背心。六是**过分紧身**。

知识链接

裙服四忌

1. 黑色皮裙不能穿。
2. 裙、鞋、袜不搭配。
3. 穿套裙不能光腿。
4. 不能三截腿。穿半截裙子时穿半截袜子，袜子和裙子中间露出一段小腿肚。

（4）配饰的审美要求：除了穿着得体的服装外，人还可以通过佩带适宜的配饰来体现自己的仪表美。配饰主要有两种：一是实用型配饰，如男性的手表、钢笔、打火机，女性的随身包。二是装饰型配饰，如女性的耳环、胸针、脚链。但即便是实用型配饰，也越来越讲究其装饰性方面的美感。在佩带和使用配饰时，首先，应考虑要符合习俗、场合等社会因素。例如，中国北方人戴翡翠，就讲究男戴观音女戴佛。婚戒要戴在左手无名指上。有些配饰在工作场合不宜佩带，如胸针、耳环、脚链、戒指等。其次，才考虑配饰的审美要求。配饰作为人体的一种点缀和修饰，在现代，也应遵循简约与协调的审美原则。具体来说，要遵循以下要求：

1）以少为佳：一般情况下，人身上的配饰越少越好。女性一般在 3 种以内，每种不多于两件。像耳环、手镯，最多两件，左右耳、左右手上各一件。当然，新娘或者有的少数民族除外。

2）质色协调：同种或不同配饰的质地、色彩、款式等要协调。不管是黄金、白金、白银还是玉石等，最好保持配饰的质地一致。不能两只手镯，一只是黄金的，一只是玉石的。色彩上也不能五颜六色。材质不同，往往颜色也不同。材质相同的也要注意颜色。像玉石手镯，不能一只是白色，一只是红色。

3）搭配协调：不同的配饰之间，配饰与服装之间，配饰与人体之间的搭配要协调。不能项链是黄金，耳环是白银，戒指是白金。款式上也要注意配饰之间以及与服装之间搭配的风格要协调，或简约，或繁复，或朴素，或华丽。还要注意一些配饰与服装搭配的习惯。例如，戴薄纱手套时，戒指应戴在手套里面，只有新娘当众结婚时才戴在手套外面。穿丝袜时，脚链应戴在丝袜外面。脖颈修长的女性戴项链可以让别人注意到其身体上的这个优点，脖颈粗短的就不合适了。

（三）举止美

1. 举止美的含义 举止美是指人的面部表情和身体动作姿态表现出来的一种人的身体部位在空间活动变化的动态美。

2. 举止美的要素和审美要求 人的举止主要包括表情和姿态两个方面，其中表情包括人的脸、嘴、眉目等的动作，姿态包括人的身体各部位在站、坐、走等行为中的动作。人的身体作为审美中的形式因素，其举止动作就是形式因素的运动过程，它当然应该遵循形式美在运动方面的规律，主要是节奏与韵律的规律。人的美的举止应当体现出人体部位运动中的秩序性和规律性，即节奏和韵律，表现出人作为生命的活力，以此引起他人的美感。此外，人作为社会性的生物，其举止具有传达信息、表情达意的社会作用，举止的美也应该考虑民族、地域、时代、场合、个性等社会因素。具体来说，应遵循以下要求：

（1）要美观协调。人体美与仪表美关注的是人的静态、局部的外在美，而举止美关注的则是人的动态、整体的外在美，因此，举止美既要注意动态造型体现的静态、局部的美观，又要注意动态、整体的协调所体现的节奏、韵律之美。一般而言，它包括人具体部位的动作及其整体的协调。

（2）要从众规范。从众就是要使自己的举止动作与此时此刻的绝大多数人，尤其是与自己交往的对方保持一致，从而被交往对方所理解和接受。比如，在一个人人以点头表示肯定的环境中，你一个人却偏偏要用摇头来表示肯定，当然得不到别人的认可。规范就是在长期社会因素影响下形成的人的举止方面的标准。主要从人的表情、站姿、坐姿、行姿、手姿等方面来看。

首先看表情。表情美要做到：自然明朗。人面部表情的喜悦、愤怒、悲哀、快乐、惊讶、坚定等类型应当发乎自然、清楚明朗。强颜欢笑、含糊不清的表情是不美的。轻松柔和。这就要求平时一个人的脸部肌肉应处于放松状态，就是“眉心舒展、面带微笑”的表情。而满脸横肉的凶残表情则是脸部肌肉长期绷紧造成的。一个人不卑不亢的独立人格往往可以从其表情的大方宁静表现出来。尤其在紧要关头，“泰山崩于前而色不变，麋鹿兴于左而目不瞬”（苏洵《心术》）的表情正体现了其人极高的心理素质。

表情中眼神最为重要。人们常说眼睛是心灵的窗户，眼神最能表达感情。美的眼神要做到：其一，灵活。灵活的眼睛具有美的节奏感。其二，明亮。明亮的眼睛给人一种清晰的美感。眼睛视线运用要特别注意。一般情况下尽量平视，能给人以尊重感。对崇敬的对象可用仰视，能给人以尊严、满足之感。力求避免以下几种视线：一是无视，闭眼或看他处而不看对方。二是斜视，斜眼看对方，以示蔑视。三是扫视，上下左右仔细打量，传达出警惕感。

其次看站姿。站姿就是站立的姿势。站姿的类型包括标准站姿、恭候站姿、服务站姿、自由（休闲）站姿。站姿基本规范如下：

头正颈直眼平视；下颌略收肩放平；挺胸收腹臀上提；

膝盖直立须靠紧；双臂垂放或交叉；两脚 V 字或小丁。

具体来说，几种站姿的规范有所不同：标准站姿——表情从容庄严，目光炯炯有神，身体挺拔向上，手脚位置固定，就是古人讲究的“站如松”。具体要求：平视，眼睛看着正前方。肩平，两肩不能一高一低。胸挺，腹收，两腿并拢，两手垂放。恭候站姿——表情自然，目光平和，身体状态稍微松弛，手和脚的状态有些变化。服务站姿——面带微笑，目光亲切，身体稍向前倾。休闲 / 自由站姿——松而不垮。

此外，要注意：站时尽量不要倚靠，如靠着墙角，靠着门边，或靠着桌椅，似站非站，似坐非坐。两腿不要过分岔开，一般不能宽于肩部。

接着看坐姿。坐姿指就座的姿势。包括入座、离座和坐好后的姿势。坐姿的基本规范如下：

上身如同站姿样，抚平衣裙再落座；入座面积仅为半，双膝紧靠视情景；

身腿正侧已把握，两手交叉于腹前；起落动作要平稳，切忌抖晃二郎腿。

先具体说一下入座的姿势。入座前站在座椅旁边，入座时先走到座椅正前方站好，坐下时双手从后腰开始，顺着臀部、大腿抚平衣裙再落座。离座的姿势与此相反，并且整个动作过程中要平稳。

再说落座后的正确坐姿。它分为标准式坐姿以及后点式、侧点式、曲直式、交叉式、重叠式等其他坐姿。标准坐姿要求入座面积为椅子或凳子面积的 1/2；坐好后上身挺直，与站姿的要求相同；下身大腿与小腿成 90° 角，双腿并拢，女性穿裙装时两膝要紧靠；双手分别平放在小腹前的大腿上或者交叉叠放在小腹前的一条腿上。其他坐姿与标准坐姿的不同主要表现在腿的姿势方面：后点式的小腿往后收，以脚掌前部着地；侧点式的小腿不与地面垂直，而是向左方或右方倾斜着地；曲直式的两小腿则一条直，一条像后点式那样往后收；交叉式是两条小腿左右交叉；重叠式则是一条大腿交叉重叠在另一条大腿上，只有一只脚着地，即常说的二郎腿。

最后说违反正确要求的不雅的坐姿。主要包括以下情况：含胸驼背，半躺半坐，两腿叉开，蹬踏物体，随意坐靠，跷腿抖动。

然后看行姿。行姿即行走的姿势。行姿主要包括以下几项要素：步幅——指一步的长短幅度。这方面男女有别，男性大概 80cm，女性大概 60cm。步位——指脚迈出的位置。一般人两脚沿两条平行直线交错前行，模特则走成“S”形，即所谓“猫步”。速度——指行走时节奏快慢，宜保持匀速。路线——指行走方向，尽量直行。

行姿基本规范：

收腹平视；肩垂身正；摆臂协调；昂首挺胸；幅位速线到位。

最后看手姿。手姿指手指、手掌、拳头和手臂的动作变化姿势。常规情况下手姿用得越少越好。这里主要讲两种常用的手姿：

其一是握手。标准的礼仪握手要注意以下几个因素。场合：见面和离别时；表示祝贺或慰问；表示尊重。次序：谁先伸手，地位高的人先伸手。握手方式：手位，目视对方，伸右手，手掌与地面垂直，手尖稍向侧下方，拇指适当张开，其余四指并拢，掌心向左，与对方右手相握；时间 3 ~ 5 秒；力度适中，稍微用力；寒暄，同时伴以口头问候。主要禁忌：忌心不在焉；忌伸出左手；忌戴着手套；忌交叉握手。

其二是指示。要求上臂贴住身体一侧，前臂略向外伸，四指并拢，掌心向上，手掌与前臂成一直线，指示方位或对象。千万要避免用一只手指指点对象。

（3）要内外一致。人外在举止的美要与内在的思想品德、情感人格等内在美一致。外在的举止再美，如果不是内心美好思想感情的真实表露，也会显得苍白无力，如提线木偶。以现代服务行业提倡的微笑服务来说，对顾客而言，服务人员的笑脸当然比哭丧着的脸好。但如果笑并非发自内心，脸上带着微笑，可眼睛却根本没在看人，肯定不会有愉悦感。更别说并非所有服务都需要笑。遇到灾祸不幸时，如车祸违章，交警来开罚单，却面带微笑，只会让人感到在幸灾乐祸。

知识链接

裙装女性上下轿车的举止要求

上车的标准举止：首先背对车门，先坐下去，坐下后再把并拢的两条腿收进去。

下车的标准举止：车门打开以后，两只脚先着地，双腿并拢，两只脚着地，然后人再慢慢移出去。

（四）语言美

1. 语言美的含义　语言美是指人的言辞的美。这里的语言指的是口头语言，它是社会上人际交往的一种主要方式。

2. 语言美的要素和审美要求　语言的美主要表现在说话的内容与方式（语气、语调、措辞、态度）两个方面。语言美具体的审美要求如下：

（1）语言内容美：说话的内容应该是于人有益，至少也要无害，能引起听的人的兴趣与愉悦之感。从正反两方面来说，可以分为“四宜谈”与“六不谈”。“四宜谈”是就交谈的话题而言，具体包括：其一，宜谈双方拟定的话题，如医生与患者谈病情。其二，宜谈格调高雅的话题。就是能够体现自己的见识或阅历的话题，如历史、哲学、政治热点问题等。其三，

第6章 艺 术 美

第1节 艺术美的概述

一 艺术美的本质

（一）艺术美的概念

艺术美是指艺术作品的美。艺术美来源于客观现实生活，但不等同于生活。现实虽然生动、丰富，却代替不了艺术美。艺术美指的是经过艺术加工，把现实生活加以概括与提炼，是美的创造性的反映形态，属于社会意识范畴。人对现实的审美关系主要是通过艺术美来表现的，是美学研究的主要对象。艺术美主要表现了艺术形象和意境的美，它来源于现实生活，是现实生活的典型概括，又是艺术家创造性劳动的精神产物和审美理想及个性风格的具体表现。

知识链接

艺术美是艺术家创造性的劳动产物

艺术作品的美取决于艺术家的创造性劳动，创造才是艺术美的生命。法国画家德拉克罗瓦曾说："教学生创造美，像存款那样，把他一代代地传下去！但一切时代完美作品，都向我们证明，在这样的条件下不可能创造美……美，是坚持不懈的劳动所产生的，是经常不断的灵感的结果……微不足道的努力，只能得到微不足道的奖赏。"

（二）艺术美的含义

艺术以形象来反映社会生活，它源于生活，而高于生活，饱含着艺术家的思想感情和审美理想，是再现和表现的统一，是反映和创造的统一，是主观与客观的统一。

（1）艺术美源于生活，而高于生活：现实生活是生动丰富、多姿多彩的，是艺术创作取之不尽、用之不竭的唯一源泉。它能激发艺术家的创作灵感，离开了生活，离开了实践，艺术成就为无源之水、无本之木，就丧失了生命力。但现实生活与艺术美相比，又有着本质的差别：首先，现实生活的美，虽然千姿百态、丰富多彩，但却往往受到时间、空间的限制，存在较大的易逝性、局限性。如雨后的彩虹、神奇的北极光、美丽的昙花都随时间而逝去。不仅如此，现实生活的美，还受到空间的限制。例如，在赤道附近，就欣赏不到壮丽的北国风光；处于沙漠荒原地带，则欣赏不到大海的磅礴气势。艺术美则不然，它不受空间限制，能超越时空、神游天外、雄视古今中外。艺术美，能通过录音、摄影、绘画等艺术表现手法，将大千世界的不同风貌和历史变迁同时呈现在眼前。

（2）艺术美是再现和表现的统一：艺术美，是客观现实生活与艺术家主观心灵产生碰撞的结晶；是艺术家对现实生活的提炼、概括和总结。艺术美是真、善、美的辩证统一，而不是对现实生活的机械模仿和简单复制。它饱含着艺术家的思想情感和审美理想，反映着生活的本质和规律。

艺术美是艺术的一种重要特性，它主要作用于精神的需要，而不是实用的考虑。例如，一棵大树，在木材商人、生物学家及诗人的眼中，就有区别。木材商人会盘算这棵大树有多少立方米，能卖多少钱；生物学家却想的是这棵大树应该归到什么科目，有什么特性；但是在诗人眼里，这些想法都不存在，诗人只是一心一意去感受这棵大树的风韵、神采，然后用美妙的诗句表达出来，让自己、读者在心灵上获得美的享受。这时候，大树在诗人眼中，已经不再是现实环境中的生物，而是诗人表情达意的平台，是为满足精神审美需要而出现的媒介了。说明了艺术美的感染力和它的精神意义。

链接

列宁在听了贝多芬的《热情奏鸣曲》后说："我不知道还有比《热情奏鸣曲》更好的东西，我愿每天都听一听。这是绝妙的、人间所没有的音乐。我总带着也许是幼稚的夸耀想：人们能够创造怎样的奇迹！"

（三）艺术美的分析与欣赏

1. 艺术反映现实美　艺术是生活和现实的反映；这是对现实的特种认识。艺术不是以概念，而是以艺术形象，使现实、社会生活和人们的日常生活、习俗再现出来，使人认识它们。

现实主义艺术的艺术形象通过个体来反映并表现被描写的现实和社会生活中最重大的、最典型的事物。现实主义艺术家在创造形象时，体察到被描写的对象的内在世界。他以个体化了的性格和具体事件，给我们描绘出典型环境中的典型性格，反映出社会生活以及某一阶级或某一社会集团的心理、习俗、道德面貌的重要特点。艺术所创造的一连串的艺术形象在我们面前展开社会关系、历史事件的完整景象。

艺术既然是社会上一定艺术观点的表现，既然是社会生活的反映，因而它也就属于某一社会经济制度所产生的上层建筑现象的范围。艺术反映着某一阶级的思想体系。

2. 艺术对社会生活的影响　艺术是文化的一个最重要的要素。它在社会生活中起着重大作用。艺术固然是由社会生活所产生，并且是现实的艺术反映，但艺术反过来也对社会生活发生巨大的影响，它形成人们的感情、思想、意志和道德原则。

艺术对社会生活的影响可以是进步的，也可以是反动的。腐朽的艺术为落后的、衰朽的社会力量服务，先进的艺术则表现进步社会力量的利益。先进的艺术反对腐朽的社会制度，反对腐朽阶级以及它们的腐朽思想，反对落后的美学观点。

和其他社会意识形态一样，艺术也是产生于社会实践的需要，它以自己特有的艺术手段为社会实践服务。

美的感受和世界、社会生活的艺术反映，是社会精神生活、社会意识的一个方面。社会的人在认识周围世界的时候，发现周围世界的各种物体、现象的机械的、物理的、化学的、生物的以及社会的特性、性质和联系，发现它们的发展规律。但除去上面所谈的各种现象的特性、性质和联系外，在周围的外部世界中，在社会生活中以及在人们的精神面貌中，人还会看到并发现那些能令我们得到美的感受或者相反的引人嫌弃的东西。这种美或丑是周围世界以及人们的精神、道德面貌所客观地、真正地固有的。

3. 艺术的表现对象　贵族和资产阶级的美学的代表者认为，只有美好的事物才是艺术的对象。这种把艺术的范围缩小的想法，就是不让艺术去批判剥削者社会的阴暗面。然而，现实主义艺术所应该描写的并且也一向描写的不仅有美好的事物，而且也有丑恶的事物；不仅有崇高的事物，而且有卑贱的事物；不仅有正面的事物，而且也有反面的事物；这样才能揭发出卑鄙的、庸俗的、腐朽的事物，唤起人民对它们的憎恨。很多闻名世界的古典文学和艺术所创造的各种各样的典型，揭露了人们的缺点，揭露了反面的现象以及产生这些现象的社会条件。古典艺术一方面揭发社会中的丑恶与罪恶，创造反面的典型形象，同时也保护了美的、崇高的东西。正面的艺术形象是先进人物的举动行为的模范，伟大的革命者学习他们、模仿他们。但是在以前的文学中，特别是在批判的现实主义文学中，绝大多数是反映生活的阴暗面，指出反面的典型。这种现象是由于社会制度的性质而产生的，是社会发展的需要、阶级斗争的需要、对曾经笼罩着奴隶制时代和封建主义时代而现在正笼罩在资本主义社会的社会丑恶和虚伪作斗争的需要所引起的。

社会历史证明：人们的审美观念、艺术观点和趣味，是随着社会物质生活条件的改变和发展，并且首先随着社会经济的发展而改变和发展着的。

在阶级社会中，直接影响艺术的发展是政治、阶级利益、阶级斗争及各种各样的意识形态，如政治与法权理论、宗教、道德、科学、哲学。

因此，当分析艺术的发展时，必须从某一社会制度的性质及其物质基础、经济基础出发，必须估计到某一个国家的某一社会制度的发展特点，估计到历史上形成的具体的民族生活条件，估计到社会各阶级的地位和利益以及它们之间的斗争，还应该估计到在该社会中占统治地位的世界观、思想体系、心理素质的特点。

（四）艺术的分类

艺术现象是丰富多样的，用科学方法对其进行合理的分类，有助于探讨各种艺术的特点和规律，促进艺术的发展。

历来有许多艺术分类法。所依据的分类标准不同，分成的类别和种别不同。历史上比较流行的艺术分类法主要有以下几种：

（1）以艺术形象的感知方式作为分类标准，把艺术分为视觉艺术、听觉艺术和想象艺术。视觉艺术有绘画、雕塑等；听觉艺术有音乐；想象艺术有文学。

（2）以艺术形象的存在方式作为分类标准，把艺术分为空间艺术、时间艺术和时空艺术。空间艺术有绘画、雕塑等；时间艺术有音乐、文学等；空间艺术有舞蹈、戏剧、电影等。

（3）以艺术形象的展示方式作为分类标准，把艺术分为静态艺术和动态艺术两类。静态艺术有绘画、雕塑等；动态艺术有音乐、舞蹈、戏剧、文学等。

（4）其他的艺术分类法。有的依据创造艺术形象所需要的物质材料或媒介不同，把艺术分为造型艺术（绘画、雕塑等）、音响艺术（音乐、舞蹈、抒情散文等）和再现艺术（绘画、雕刻、戏剧、叙事文学等）；有的依据艺术功能的不同，把艺术分为实用艺术和美的艺术；还有的依据塑造形象方式的不同，把需要表演、演唱或演奏的音乐、舞蹈、戏剧等称为表演艺术，以区别于其他艺术。

（五）艺术美的欣赏

艺术美有多种类型。可分为实用艺术的建筑和工艺美，表演艺术的音乐和舞蹈美，造型艺术的雕塑和绘画美，语言艺术的文学美以及综合艺术的戏剧、电影美。但是，并非具备上述形式的东西都具有艺术美。只有反映真、符合善、表现美的艺术，才能体现艺术美。

无论任何类型的艺术美都是现实生活的能动反映，都包含主客观两方面的因素，客观因素是基础，即指生活内容；主观因素是主导，即指艺术家的审美意象、审美感情。不同的艺术种类中的主客观的结合特点是不同的。如在造型艺术中的绘画、雕塑和摄影等艺术形式的美，是主观与客观的统一，在形式上是主观因素消融于客观形象中，在理性地欣赏分析绘画作品时，才能解释形象中的主观因素，是从再现生活形象中渗透艺术家的思想感情。鲁迅曾讲："看一件艺术品，表面上看是一幅画，一座雕像，实际上是艺术家人格的表现。"罗丹面对古希腊维纳斯雕像时发出的赞叹："抚摸这座雕像的时候，几乎觉得是温暖的。"而有些艺术种类更善于直接表达艺术家的思想感情，如音乐，黑格尔把它称为"心情的音乐"。因为，从内容上看音乐表现无形的内心生活；从形式上它不同于造型艺术中的形式存在于客观事物（如石膏雕像），它是通过不固定的自由动荡显示出来的，它是客观因素消融在主观因素中。如聆听《二泉映月》的演奏，凄婉、悲切的曲调，使观众在情感上直接受到感染，仿佛听到了旧社会中下层人们的不幸申诉。因而，正确理解艺术形象中的主客观关系，对欣赏把握艺术美有积极意义。

我们欣赏艺术作品时，也要关注不同作者由于其主观条件的差别，使艺术形象产生的不同特点。如咏梅，陆游的《咏梅》给人消沉、悲哀的感受，审美格调是低下的；毛泽东的《咏梅》给人清新、愉悦的感受，表达的是高尚的审美理念。因而，在艺术美欣赏时我们要关注艺术家的主观因素在艺术美中起到的主导作用。

知识链接

卜算子·咏梅

陆游

驿外断桥边，寂寞开无主。
已是黄昏独自愁，更著风和雨。
无意苦争春，一任群芳妒。
零落成泥碾作尘，只有香如故。

卜算子·咏梅

毛泽东

风雨送春归，飞雪迎春到。
已是悬崖百丈冰，犹有花枝俏。
俏也不争春，只把春来报。
待到山花烂漫时，她在丛中笑。

我们在欣赏艺术作品时，还要注意艺术创作中内容与形式之间的关系。如徐悲鸿擅长画马，其所画的马千姿万态，其表现的内容也有所不同。如1941年，抗日战争处于敌我力量相当时，第二次长沙会战前期作战我方失利，日军节节南下攻占了长沙、株洲，达到了这次作战目的：消耗了中国军队，遂停止进攻回撤。正在马来西亚的徐悲鸿听闻后心急如焚，连夜画出《奔马图》以抒发自己的忧急之情。我们在画中可以看到马的躯体远小近大，既符合透视，又给人一种预放先收、由远及近的感受，表现出奔腾的气势，而马尾、马鬃用笔粗犷、激荡、有力，焦墨与湿墨并用，既表现出奔马的特点，又表现出画家忧心如焚的情感。飞动的马尾、马鬃象征画家胸中燃烧的怒火。而中华人民共和国成立后，他的马变成了“山河百战归民主，铲尽崎岖大道平”的象征，仍然是奔腾驰骋的样子，却少了艰苦悲怆，多了欢快振奋。

现实生活中的事物，既有美的，也有丑的。但是，通过艺术家的集中、概括，生活中的美与丑皆可转化为可供人欣赏的艺术美。

另外，成为渗透艺术家否定性评价的意向，是从反面肯定了美，获取一种特殊的审美价值。如《巴黎圣母院》里的敲钟人加西莫多，其脸型和体态极为丑陋，可他的内心却十分善良，为人厚道，体现出人的本质和质朴。这种向善求真的心灵和人格魅力，与其外形丑的映衬，造成异常强烈的审美效果。

知识链接

没有一种艺术作品，单靠线条或色彩的匀称，仅仅为了视觉满足的作品，能够打动人的。

——罗丹

丑恶经过艺术的表现化而为美，带有韵律和节奏的痛苦使精神充满了一种平静的快乐，这是艺术的奇妙的特权之一。

——波德莱尔

二 艺术美的特征

艺术美作为美的一个存在领域，具有美的一般特征。但与自然美、社会美相比，又有其独特的美学特征。关于艺术的审美特征，主要有两个方面：一是它的一般审美性格；二是它的特殊审美个性，即它特别突出也特别重要的审美特点，这就是艺术的情感特征。

艺术作为一种特殊的社会意识形态和特殊的精神生产形态，以其审美的性格区别于宗教、哲学等其他意识形态；艺术是以审美的方式掌握世界、反映和认识社会生活，并以审美的手段生产产品、创造精神成果。可以说，审美，是一切艺术门类（如文学、美术、音乐、舞蹈、戏剧、摄影、电影等）区别于其他社会事物（如政治、法律、道德、哲学、宗教等）的共同性格。一般地说，艺术有以下几个重要的审美特征。

1. 典型性　是艺术作品通过个别艺术形象表现出某些普遍性、代表性的东西，借助于典型达到对事物本质规律的把握。艺术的典型性是概括化与个性化的统一，艺术应该概括现实生活中最普遍的典型性，将万千个典型集于一身。托尔斯泰曾说过：“假如直接根据一个什么真人来描写，结果就根本成不了典型，只能得出某个个别的、例外的，没有意思的东西，而我需要做的恰恰是从一个人身上撷取他的主要特点，再加上我所观察过的其他人的特点，那么，这才是典型的东西。”例如，托尔斯泰笔下的安娜·卡列尼娜就是这样创造出来的典型人物，他根据当时俄国社会复杂的矛盾，从社会宏观的角度集中地表现了安娜矛盾的性格特点和强烈的复杂感情。既有一个生命力旺盛的女人久久压抑的强烈感情的满足，又有一个贞淑的妇女冲决礼法堤防而未免内疚的羞耻心，还有一个善良妻子因不忠于丈夫而于心不安的负罪感，使这一形象具有了高度的典型意义。又如我国优秀古典小说《红楼梦》中贾宝玉的形象是封建社会末贵族阶级叛逆者的代表，鲁迅先生《祝福》中的祥林嫂有着中国封建社会劳动妇女深受封建礼教和道德摧残的共同悲惨命运，还有鲁迅先生笔下的阿Q概括了当时那个病态社会中“国民性”

的丰厚内容。艺术的典型性说明艺术中的美要比生活原型更美，更富有理想性，更有审美价值。

2. 理想性　艺术美的理想性表现在艺术家创造艺术美的过程中，必然把自己强烈的思想感情倾注在艺术作品之中，把他对生活美丑的肯定或否定态度，他的审美理想熔铸到作品之中，化为作品的血肉和灵魂，使所表现的意蕴比现实生活本身更加理想化。艺术是艺术家主观感受与客观生活的和谐统一，源于生活，又高于生活，是理想化的现实。如梁山伯与祝英台的爱情绝唱，是人们对坚贞爱情的审美理念；包公的艺术形象，是人们对于清廉政治的审美理想。艺术作品的理想性，不仅使艺术作品具有深刻的意蕴，而且使艺术作品具有强烈的感染力，从而使欣赏者的精神境界得到升华。

3. 普遍性　艺术美的普遍性在于，完美的艺术不仅会对当时当地的人具有美学意义，而且会对异时异地的人具有美学意义，其影响是全球性的，是流芳千古的。具有普遍永久的审美价值。人们可以从美的艺术和艺术的美中欣赏到不同时代、不同地区的现实美。艺术美突破了时空的界限，取得时代的审美效果，这正是艺术美比现实美更带有普遍性的主要根据。

知识链接

中国古典名著《三国演义》《红楼梦》《水浒传》，世界名著《安娜·卡列尼娜》《乱世佳人》……许多类似的文学宝库里的珍品，都具有普遍意义的审美价值，因为它们具有时代的意义，它们所提出的问题带有时代的普遍意义。

4. 情感性　列宁说：“没有‘人的感情’，就从来没有也不可能有人对于真理的追求。”鲁迅说：“创作总根于爱。若没有真挚强烈的情感，艺术就显得苍白无力，就没有美的显现。”因此，对艺术而言，首先是以情动人，然后才会引起人们的理性思考。我国古代的《诗大序》里说：“诗者，志之所之也，在心为志，发言为诗。情动于中而形于言，言之不足，故嗟叹之，嗟叹之不足故永歌之，永歌之不足，不知手之舞之，足之蹈之也。”不论任何艺术创作形式，都源于一定的情感基础。情感性是艺术美最突出的特点。艺术是以情动人，艺术与其他社会意识形态最显著的区别在于它渗透着情感色彩。艺术美必须靠动人以情才能发挥它的美育作用，不含情感因素就不能打动人心，也就失去了艺术的魅力。所以情感是艺术美的基本特征。艺术家在创造艺术作品时，总是融入个人的强烈情感，而使得作品充满了感情。对于艺术美的情感特征，许多人都作过说明，罗丹说：“艺术就是感情。”我国古代艺术创作特别是诗歌创作非常注重感情的作用，如辛弃疾的《菩萨蛮》，“郁孤台下清江水，中间多少行人泪。西北望长安，可怜无数山。青山遮不住，毕竟东流去。江晚正愁余，山深闻鹧鸪”，字里行间洋溢着作者种种复杂的感情，使人可以感受到作者的悲愤、哀怨、惆怅之情，从而产生丰富的审美情感和联想。总之，情感是艺术美的重要组成部分，没有情感就没有艺术，也就谈不上艺术美了。

5. 协调性　所谓协调性是指形式与内容的统一，富有美质的艺术内容，必须通过独创、和谐的艺术形式才能恰如其分地表现出来。艺术美既不同于侧重内容的社会美，也不同于侧重形式的自然美。它是二者的有机结合，是符合形式规律的、灌注生气的艺术形式，对于揭示和体现人生普遍经验的生活真理和传达健康向上的思想，是重要和必需的，同时它本身就具有审美价值，是产生艺术感染力不可或缺的。我国著名书法家王羲之的代表作《兰亭集·序》，其书法圆浑自如，流动如生，变化繁多，在平整安稳中显示出自然而多变，给人以明媚、温婉的美感，体现出形式与内容的协调统一。

6. 艺术的实践性与主体性体现　艺术的实践性与主体性体现在创作主体即艺术家对技艺和媒介的把握上。黑格尔说：“艺术创作还有一个重要的方面，即艺术外表的工作，因为艺术作品有一个纯然是技巧的方面，很接近于手工业；这一方面在建筑和雕刻中最为重要，在绘画和音乐中次之，在诗歌中又次之。这种熟练技巧不是从灵感来的，它完全要靠思索、勤勉和练习。一个艺术家必须具有这种熟练技巧，才可以驾驭外在的材料。”艺术创作有一个运用物质媒介的手段把艺术家的审美观念、审美意象和审美情感传达出来的表现过程，这就需要技艺或技巧。

7. 合目的性与合规律性　艺术作品是创作主体为着美的目的、按照美的规律而创造出来的事物。艺术中的合目的性是指审美目的，合规律性是指合乎美的规律。

艺术的第三个审美特征也是最根本的一个特征是它的形象性，形象性是一切文学艺术审美特征的核心，也是区别于其他社会意识形态的根本特征。艺术的一切其他审美特征都是同形象性相联系的，没有形象，便没有审美，也就没有艺术。

8. 形式美与形式感　这里所说的形式美，是指艺术作品可直接诉诸感官的外在形式的美，即色彩、线条、形体、声音等按照一定规律如单纯齐一、对称平衡、比例匀称、对比、节奏韵律、多样统一等排列和组合的形式，并能唤起美感的审美特性。如音乐中的平衡、音与音之间的连接、和声的进行等音乐组织形式，可以唤起人们的“音乐感”；京剧里字正腔圆的唱段，可以作用于“有音乐感的耳朵”而引起听众的美感；规律的排列组合、雕塑的形体韵律、建筑上的对称或节奏变化，都可以作用于“感受形式美的眼睛”。我们肯定形式美，是艺术独具的审美特性。另外，许多美的艺术形式，虽然可以暂时离开它的具体内容而具有相对独立性，但又都是积淀了一定历史文化和人类审美意识的符号，如京剧中的脸谱和程式化动作，印度舞蹈中的眼神和手势，中国画布局的“计白当黑”及笔墨趣味等。艺术家作为创作主体和审美主体，不仅生活在现实世界里，同时也生活在一定的历史文化传统中。因此，艺术家在创作中使用的艺术语言无论多么惊人，它所创造的艺术形式无论多么奇特，都或自觉或不自觉、或多或少地带有一定的历史文化积淀性，即形式中沉淀着历史文化的内容，沉淀着人类普遍的审美意识。

第 2 节　艺术美的欣赏

一　语言艺术美

语言艺术是以语言为媒介和工具来传情表意、反映生活的一种艺术。高尔基说：“文学就是用语言来塑造形象、典型和性格，用语言来反映现实事件、自然景观和思维过程……文学的第一要素是语言。”正因此，语言艺术具有同其他艺术大不相同的审美特征。

（一）语言艺术的审美特征

语言艺术的审美特征主要有以下三点：

1. 艺术形象的间接性　语言艺术形象（即文学形象）不同于其他艺术的地方，就在于它的间接性。一般艺术的形象，依靠色彩、形体、声音等可以直观、感性地呈现在我们面前，不需要其他中间环节，就可以被人的感官所直接感知。文学形象则不然，它是以一种抽象的文字符号的形式出现在我们面前，必须通过读者的解读和想象，使文字符号转化为生活表象，才能在人的心灵的屏幕上呈现出具体的形象。

文字形象的这一间接性，有利也有弊。它的不利之处在于缺乏形象的直接感染力。人们观赏一幅画、聆听一首歌，可以立即被感官所接受，引起情感的反应。阅读文学作品就没有这么便捷，必须经过对文学的理解、消化，再通过想象和联想，方能对形象有所领悟，从而受到感染；而且这种感染力的强弱、大小，除了同作品的好坏有关，往往还取决于接受者的主体条件（如文化水平、生活阅历、理解力、想象力等），主体条件越高，接受文学的能力越强，文学形象的感染力也就可能越大。尤其是解读一些底蕴深厚的作品（如李商隐《无题诗》）和富于哲理性的作品（如歌德的《浮士德》）时，更是如此。所以，文学在所有艺术中，是接受难度较大的一种。

然而，文学形象的间接性又有许多长处。例如，可以不受时空的限制，反复阅读，慢慢品味，细细玩索，逐渐消化。间接性最突出的优点是它带有某种不确定、模糊性，因而为读者增添了再创造和想象的乐趣。文学语言不像其他艺术媒介那样具体实在，语言传达的只能是一个概略的形象，这就为读者的想象和联想留下了许多空白，为欣赏的再创造奠定了基础。例如，《红楼梦》中对于大观园景色的描写尽管也很细致（其中有一回还作了专门介绍），但大观园究竟什么样，仍然有待于人们的想象。所以，全国建了几个大观园，其布局结构和建筑设计都不一样。它们是按照不同的设计师想象中的大观园所设计的，可谓各臻奇妙。至于在诗歌中，这种形象的空白点就更多，以致解诗的奥妙主要依靠读者的想象。所谓“诗无达诂”，正是诗歌形象的多义性、不确定性所致的审美经验，而这也正是诗令人回味无穷的韵味所在。

2. 反映生活的广阔性　语言艺术可以不受各种物质条件的限制（如绘画要受纸张笔墨的限制，戏剧要受舞台灯光的限制等），它只需要一张纸、一支笔，便可以自由驰骋，任笔所纵，无所约束。所以，语言艺术表现的题材内容最为宽广，天上人间，神仙鬼怪，历史传奇，秘闻逸事，无所不能。许多虚幻荒诞的景象，流动变化的时空，跨度巨大的事物，其他艺术所难以表达到的，语言艺术却可以纵横自如，随心所欲，真所谓“笼天地于宇内，挫万物于笔端”。例如，以诗画对比，王维描写的“江流天地外，山色有无中”，这诗意用画作就难以画出。

语言艺术可以不受篇幅容量的限制，最大限度地容纳丰富的社会内容。像托尔斯泰、巴尔扎克、曹雪芹等创作的百科全书式的长篇巨著，就其涉及的社会生活、人情事态的丰繁复杂而言，是其他艺术望尘莫及的。

语言艺术的最大长处是可以深入于人的心灵深处，表现人的细微复杂的情感活动。在表达人的内心情感方面，只有音乐可以同文学相抗衡。不过，音乐表达人的情感带有一定的抽象性、笼统性和不确定性，也难以说清情感的具体内容和产生因由。而文学却可以采用种种手法（如象征、暗示、比喻、借景、抒情、托物言志等），把人类灵魂中最稳秘、复杂的情思表露出来，这是任何艺术都难以企及的，像心理小说《罪与罚》，对主人公复杂细微的病态心理的刻画达到了无以复加的程度。我国当代许多女性作家在剖析女性微妙的私意识、隐意识方面也相当开放大胆，开创了心理小说的新格局。

3. 表现思想的深刻性　语言艺术的又一长处，是它表现思想的深刻性。一般说，造型艺术只能借助于凝固的瞬间来表现某种思想。例如，一幅画、一座雕像往往聚焦于一点上，表现范围和深度比较有限；表演艺术虽有时空流动，却只停留于音响、姿态的表象，难于深入到理性层次，一般善于抒情，拙于说理；戏剧电影虽能表现较广阔的生活，但作者不能直接出面发表议论，其思想倾向只能通过场面和细节自然流露出来。语言艺术则兼有各种艺术的表现功能，既能叙述动态流程，描绘事物表象，又能深入到事物的深层，挖掘其内在实质；既能抒情叙事，又能议论说理。因而，语言艺术可以采用多种方式揭示出社会生活中蕴含的带有规律性的本质特征和思想意义。

文学的思想深度同文学反映生活的广阔性也有密切关联。一般说，作品的思想性同题材的丰富性往往成正比，一部长篇史诗，既然可以包容社会生活的方方面面，自然也能表达作者更多深刻的思想见解。例如，同是反映反抗拿破仑侵略俄国的题材，柴可夫斯基的《1812

音乐的抽象性同听觉艺术的特征是分不开的。在人的视听二器官中，视觉涵盖的面最广，又能产生出具体清晰的图像，最具有直观性和稳定感。而听觉形象只有转化为视觉形象，才能使美感清晰、深化。音乐欣赏的一个重要环节，就其促使听者通过想象把听觉中的音乐形象转化为心灵中的视觉形象。

3. 音乐进程的流动性、序列性　音乐是一个个乐音有规则更迭变化的运动过程，具有时间上的连续性和流动性。它在时间中展开，在时间中变化起伏，不可逆转。音乐形象的流动性使音乐更适合于表现那些变幻多姿的动态美，而不善于描摹静止凝固的事物。动态的物像声像，有速度强度，有起伏变化，同乐音的动力模式较为相近，易于置换转化。例如，用飘忽不定的短音描绘火焰之闪烁，用高亢快速的节奏表现云雀在蓝天翱翔，用短笛悠长的旋律吹出草原之辽阔，用朦胧深邃的圆号奏出云雾弥漫的山谷等。同理，人的情感流向也有强弱、徐疾、上下的波动，欣喜之上扬，悲哀之下沉，轻松之散缓，紧张之急迫等，也较适于乐音的表现。这种听觉视觉沟通的现象，属于一种通感。拿月光音乐来说，由于月光的特征是淡雅、朦胧，月夜的境界是宁静、明净，月光最易引起人的情感是相思、怀念等柔情，所以，古今中外音乐中写月光的作品，都有一些比较共同的特点。例如，旋律要轻柔、优美，节奏要缓慢、悠长，音色要柔和适中，和声要和谐并赋予色彩性，这样才能相应地表现出月光的特色和人在月光下的情思。

音乐形象的流动性是通过节奏和序列的形式呈现出来的。鲜明的节奏感，严格的序列性，是音乐作为时间艺术运动进程中必不可缺的要素。在一支乐曲中，每一个音符、音节，每一个乐句、乐段，都随时间的延伸而展开，又随时间的延伸而消失。它们都各自有自己的位置，不允许随意更换或替代，即便是重复或反复，也必须有规律地出现。因此，我们欣赏音乐也必须从头到尾、一句不漏完整地听下去，才能得到整体的美感。

知识链接

音乐的类别

音乐按类别媒介可分为声乐和器乐；按时代可分为古典音乐和现代音乐；按作品有无标题可分为标题音乐和无标题音乐；按风格可分为民间音乐、艺术音乐和通俗音乐。音乐还可按体裁和形式而分为合唱曲、交响曲、歌曲、舞曲、组曲、进行曲、谐谑曲、叙事曲、序曲、夜曲、协奏曲、即兴曲、幻想曲、浪漫曲以及吹打乐、说唱音乐、戏曲音乐、电视音乐、电影音乐等。

（三）舞蹈

舞蹈是以人的形体动作为基本的表现手段来塑造形象、表情达意的表演艺术。具体地说，舞蹈是以表演者自身的形体动作、姿态、造型等传达媒介，通过人体动作在幅度、力度和角度上的变化、运动为艺术语汇，表现人的内心情感、审美追求及时代精神的表演艺术。舞蹈原本是视觉艺术，但由于节奏是舞蹈艺术的基本构成因素，就使舞蹈与同样以节奏为基础的音乐浑融一体，既有空间造型的特点，又有表现于实践过程的特点，所以，舞蹈也可称是流动的时空艺术。

1. 舞蹈的审美特征　舞蹈是人体生命力升华的最高形式，除了表情性和表演性外，它还具有如下的审美特征。

（1）动作性、韵律美：舞蹈是以人体为媒介的艺术，人体的动作姿态是舞蹈艺术最基本的元素。在舞蹈艺术中，表演者、表演手段和创作成果是三位一体的，都是人体本身。苏珊·

朗格在《情感与形式》一书中指出："舞蹈者在狂热的情绪中，把自己各种高超的技能，跳跃、旋转、飞快踢踏，凝聚成身体造型。""在那里，发散着生命力的纯想象的人们，正通过有吸引力的身心活动，创造了一个动态形式的整体世界。"

舞蹈的艺术美，是在动作流动中展现的人体的姿态节律的美，诸如形体美、韵律美、造型美、技巧美及情绪美等。造型美，是指舞蹈运用造型性手段把一个个生活片段连续起来，塑造出各种活生生的动态形象。舞蹈动作进行中一瞬间的造型停顿，可以在一定程度上弥补舞蹈动作转瞬即逝的遗憾，加强观众的记忆和印象。舞蹈要求在一个统一的基调上，安排合理有序的舞蹈动作，具有韵律感，即所谓"律动"。舞蹈借助于音乐节奏旋律的变化来表达舞者不同的内心情感，并借助于音乐的结构来组织舞蹈自身的结构和进程，这样才能跳得有弹性、有情趣、有韵味。

（2）程式化和虚拟性：舞蹈是感情冲动达到极致时的身体表现。在长期的发展演变过程中，有一些最富有表现力和感染力的形体动作，逐渐规范化、序列化和风格化，形成舞蹈中一整套相对固定的动作姿态和审美情趣。例如，中国古典舞，十分重视手、眼、身、法、步的统一，讲究形神兼备、刚柔并济、虚实相兼、动静结合，要求行如走蛇，动如脱兔，急似闪电，慢似浮云，转若盘龙，翩若惊鸿，轻如海燕，稳若磐石，一静一动，有姿有势。舞蹈动作的程式化，是舞蹈发展到较为成熟阶段的产物，它丰富和提高了舞蹈动作的表现手段，使舞蹈动作显得规范整齐、活泼自然，并较为稳定地传达一定的情感意蕴，有助于舞蹈风格的形成。这在古典舞、芭蕾舞中更为明显。

由于舞蹈拙于叙事，为了加强其明晰度和视像性，舞蹈家常常采用虚拟手法，通过一些模拟性动作，表现出一种虚幻的实体，使观众看到舞台上不曾出现或不必出现的事物。例如，三人舞《担鲜藕》，以二人模拟两担鲜藕，中间一个小姑娘则表现挑着装有鲜藕的筐，充满丰收喜悦地赶路，整个表演绘形绘色，惟妙惟肖，充满青春活泼的生活气息。虚拟性艺术以假定性为前提，使舞蹈不像其他艺术那样定型化，那样"实"，还能带有某种不确定性和空灵感，创造出令人回味无穷的意境。

（3）表演的综合性：舞蹈（图6-1）虽不属于综合艺术，但在表演时也有不少综合性的特征。例如，舞蹈动作在短暂停顿时，具有明显的雕塑意义，以致西方的舞蹈家认为"舞蹈家的任何瞬刻都该是雕塑家的模特儿"。别林斯基曾经把芭蕾舞比之于"从台座上走下来的活的雕塑像"。舞蹈同音乐更是密不可分的孪生姐妹，音乐是"舞蹈的灵魂"，"音乐中包含了并决定着舞蹈的结构、特征和气质"。舞蹈的节奏常常靠音乐伴奏和指挥。此外，在舞蹈中，造型艺术也必不可少。舞蹈演员的服饰、道具，使舞蹈形象更具体鲜明；舞台美术、灯光配备等，对舞蹈表演起到烘托气氛的作用。

当然，舞蹈的综合性并不是把各种艺术简单地加在一起，其核心仍为舞蹈，其他艺术需服从舞蹈表演的要求。例如，舞蹈中的音乐是从属于舞蹈主体的"舞蹈音乐"。舞蹈的综合性在舞剧中表现尤为明显，所以，人们把舞剧称为"集戏剧、舞蹈、音乐、美术之大成"的综合性表演艺术。

图6-1　芭蕾舞

2. 舞蹈的类别　舞蹈按审美性质可分为自娱性舞蹈和表演性舞蹈；按风格可分为古典舞蹈、民族舞蹈、民间舞蹈和现代舞蹈；按表演形式可分为独舞、双人舞、三人舞、群舞、组舞、

温柔、娴静、庄重的性格，想象到她的母爱的深沉、爱情的真挚……让人回味无穷。至于中国古代的写意画更以表现画家的主观情感为重，像郑板桥的兰竹、朱耷的怪鸟等，无不在画中寄寓着深刻的象征意义。

（二）绘画的种类

绘画的种类极其丰富。绘画根据地域的不同可以分为东方绘画和西方绘画；根据使用的材料、工具、技术的不同，可分为油画、水墨画、彩墨画、水彩画、水粉画，粉笔画、铅笔画、钢笔画，版画、帛画、壁画、镶嵌画、胶画、丙烯画、蜡画、漆画、素描等；根据题材内容的不同，可分为人物画、风景画、山水画、花鸟画、静物画、动物画、历史画等；根据画面形式和功能的不同，可分为主题性绘画、宣传画、漫画、年画、连环画、组画、装饰画等。

（三）雕塑艺术

图 6-3　《罗丹》

雕塑是用可塑性材料（如黏土、油泥、面泥等）或可雕刻的材料（如金属、竹、木、石、玉等），塑造具有三维空间的实体性的艺术形象，以再现生活、表达情感的艺术。雕塑作品由于采用材料的不同，放置位置和光线的不同，以及观众的视角不同，可产生不同的感受，既可视，又可摸。所以，雕塑艺术又称为“视觉艺术”或“触觉艺术”。

1. 雕塑艺术的种类　雕塑按照所占空间和形象的凸显程度，可分为圆雕和浮雕两大类。圆雕亦称浑身雕，是指不附着在任何背景上，适于全方位、多角度欣赏的、完全立体的雕塑（图 6-3）。浮雕是指在硬质材料的平面上刻画出凸起形象的雕塑。根据表现凸出的厚度不同，浮雕又可分为高浮雕、浅浮雕和比例压缩浮雕。浮雕只能从正面观赏，因此它多附在建筑平面或器物上，我国许多名山上的摩崖石刻及龙门石窟等名胜古迹都有不少浮雕佛像。浮雕有时介于雕塑和描画之间，可以再现人物活动的一定背景和情节，如天安门广场上人民英雄纪念碑碑座的浮雕就以丰满的背景再现了辛亥革命、五四运动等雄壮场景。

雕塑按照创作方法和材料的不同，又分为雕与塑两大类。雕是指对硬质材料使用锐利的工具凿刻成形，可分为石雕、铜雕、木雕、砖雕等。塑是对软质材料先塑制出大致的形状，然后再刻画细部，主要指泥塑，如敦煌莫高窟和天水麦积山石窟的造像，大多为泥塑。

雕塑按其作用的不同，又可分为纪念性雕塑（如南京雨花台革命烈士群像）、架上雕塑（供陈列展览的雕塑）和园林雕塑等。

2. 雕塑艺术的审美特征　作为三维空间的造型艺术，雕塑除具有造型艺术的共有特征外，它本身还有以下一些特征。

（1）空间立体性：雕塑是用坚实的物质材料，直接塑造实实在在的形体。雕塑作品具有三维空间，特别是其中的圆雕，形象是完全立体的，各个侧面、各部细节都可以呈现在观众的眼前，观赏者可以从不同的视点和距离随意观赏，获得最大的逼真感和审美感。从这个意义上观照，雕塑堪称最典型的空间艺术。故而，雕塑作品最适合于在花园、广场等宽广空间展示，今天，它已成为城镇环境美化必不可缺的装饰品。至于一些英雄、伟人的雕塑，还能在给人美感享受的同时，激起人们的崇敬仰慕心理，具有巨大的教育作用。因此，雕塑也可算是审美性同实用性相统一的艺术。

由于雕塑作品本身所占有的空间十分有限，而它产生的审美效应却相应可观，因此雕塑作品必须同周围的环境相协调，同附近的文化氛围相融洽。

例如，在宽阔的文化广场就适合用大型艺术雕塑，在繁华的商业街则可建些小型城市历史的雕塑等。

（2）表现的单纯性：雕塑以实体性的形体为艺术语言，这使它在题材上受到很大限制。它无法像文学作品那样叙述、交代事件发展进程，也无法像绘画那样具体、细腻地描绘人物的活动环境，更无法表现系列的动作、丰富的生活和巨大的场景。这决定了雕塑的造型必须追求单纯明朗，必须舍弃生活现象中大量的偶然细节，选择那些具有概括性和富有表现力的瞬间形体动作与表情来塑造凝练而单纯的形象，把表现的单纯性同精神的内在性有机结合起来，使雕塑作品所表现的情感、气韵、神采和精神，在形体的塑造中“自内向外”辐射。正像罗丹在谈到他的雕像《巴尔扎克》时所说：“我的巴尔扎克像是一座石殿，或是花岗岩的纪念石，一块在蔑视一切的高傲的运动中供起来的石头。这种傲然独立表现了巴尔扎克的全部性格。”罗丹的另一著名雕像《思》则仅仅选取了少女的头部，以那微妙的表情引发人无限的深思。现代雕塑更趋向于简洁化、抽象化，常以一些几何形体，或半抽象、抽象的线条来象征性地表达某种思想、理念（如城市雕塑中的科学标志），使其单纯明朗的造型能达到发人思索、耐人寻味的审美效应。

（3）物质材料的审美性：在所有造型艺术中，物质材料对审美效应制约最大的是雕塑（还有建筑）。不同的物质材料，对于雕塑作品的外观、气质、风格等均能产生巨大的影响，在人心里产生全然不同的审美感受。纯洁光滑的玉石、坚润细腻的大理石、刚硬沉毅的青铜、朴实粗拙的泥土等，其本身就蕴含着不同的审美意味。古希腊的雕塑名作《米洛的维纳斯》所使用的材料是洁白光润的大理石，不但刻画出了维纳斯全身柔美流畅的曲线，而且使人仿佛能感受到女主人公那细腻如玉的体肤。罗丹曾说：“抚摸这座雕像的时候，几乎会觉得它是温暖的。”

这是雕塑品作用于观赏者的视觉、触觉后，使人产生的审美联想与感觉。因此，雕塑家进行创作时，总是把选择材料和艺术形象的塑造统一考虑，如英雄伟人的塑像就需用凝重、坚固的青铜或花岗岩，少女、儿童的塑像就宜选用质地细腻、明快的玉石或黄杨木之类，这样才能文质相称、表里如一。

20世纪以来，现代西方雕塑空前繁荣，立体主义、未来主义、构成主义、超现实主义诸流派的雕塑，五光十色，令人目不暇接，同传统雕塑发生了巨大的背离和断裂，出现了趋向荒诞、怪奇和刺激性的特征，反映了西方现代社会人们心态的种种历程。这样的雕塑，作为欣赏和沉思的对象，往往会给我们带来许多新奇的启迪。

（四）书法艺术

书法是我国的传统艺术之一，也是中华民族珍贵文化遗产的重要组成部分。它是以毛笔书写汉字的方法，来表达作者精神美的艺术。在人类文化发展史上，我国的书法独树一帜，它“无色而具画图的灿烂，无声而有音乐的和谐”，宛如一棵瑰丽的明珠，熠熠生辉。书法艺术的审美特征如下所述。

（1）线条与组合：书法是以线条的组合、变化来表现文艺之美的艺术形式。它主要通过用笔、用墨、结构章法、线条组合等方式进行造型和表现人的审美情操。

书法艺术与汉字的产生密不可分。汉字起源于象形文字，孕育着以线造型的美。每种笔画，因笔势不同，可以派生出许多写法，千差万别，形体各异，或挺拔遒劲，或柔媚婉丽，或庄重整饬，或浪漫恣肆，集阳刚美和阴柔美于笔锋，汇静态美和动态美于毫端。

书法美首先是通过字体的线条表现出来的，包括线条的造型、流动、力度、节律、弹性等。要做到线条美必须讲究笔法。所谓笔法，就是指一点、一横、一撇、一捺的运笔，它包括提按、转折、顿挫、轻重、强弱、疾徐，以及起笔、收笔等一系列技巧和规律。例如，落笔要稳当确实，收笔要从容利索，转折要方圆流畅等。笔法的要害在于力度。

笔法同墨法关系甚密。墨的浓淡枯湿，对字的影响很大，墨太浓，写出来的字易板滞；墨太燥，写出来的字又会像干柴棒。欧阳询说：“墨淡则伤神采，绝浓必滞锋毫。”不过，不同字体对墨的要求也不一样。冯简缘曾说：“作楷书欲干，然不可太燥；行草则燥润相杂，润以取妍，燥以取险。”只有用墨恰当，才能使字写得润燥适中，虚实相应，充分显出字的风韵气势。

书法艺术除了讲究笔法、墨法外，还需注意字法。字法，是指字的结构。结构美讲的是间架稳实，形体新奇，关键在于变化。总体来说，字的结构要注意“四面停匀，八边具备，短长合度，粗细折中，疏密欹正，上称下载，东映西带”。尤其要处理好黑白虚实的关系，必须黑白相间，安排妥当。

不过，字的结构对于不同字体，要求不一。严谨工整的楷书，要求横平竖直，形体方正，重心平稳，比例得当。龙飞凤舞的草书，就要求舒展挺进，千变万化，欹侧跌宕，参差错落，显示出活泼生气。至于运笔灵活的行书，则要求方圆交替，有静有动，如立似行，曲中求直。例如，《兰亭序》中的字形大多左紧右松，右侧偏高，略呈偏斜之势，一笔一画都圆转自如，极妍多姿。苏轼认为，楷书如站立，行书如行走，草书如奔跑。这比喻恰当地道出了它们各自结体的特征。

（2）抒情性与象征性：书法艺术，历来被人誉为“有情的图画，无声的乐章”。它最适宜表露主观意念、情趣和理想，带有浓厚的抒情意味。有人又称书法为“心学”。“述其性情，行其哀乐”。元代陈铎说得更为明确：“喜则气和而字舒，怒则气粗而字险，哀则气郁而字敛，乐则气平而字丽。”例如，王羲之的行书《兰亭序》表现的是天郎气清、惠风和畅、群贤会聚、酒酣兴发的雅趣，故而书写得从容不迫，如行云流水，秀美流畅。古人称其书法是“飘若游云，矫若惊龙”。而他书写的哀祭之类，则墨泪滂沱，渗透着满腔悲情。韩愈论张旭草书时说：“喜怒、窘穷、忧悲、愉佚、怨恨、思慕、酣醉、无聊、不平，有动于心，必于草书焉发之。”所以，他的草书常在大醉时呼走狂叫后写成，颇有狂风骤雨之势、催枯立朽之感。

书法又常常富于象征性。俗话说：“书如其人。”书法艺术往往凝聚着笔者的心力和精神，反映出作者的性格、气质和审美情趣，诱发出一种独特的神韵气势和风格，成为书法家人格、品格的象征。刘熙载在《艺概·书概》一书中说：“笔性墨性，皆以其人之性情之本。”所谓“颜筋柳骨”，就是世人对颜真卿、柳公权楷书艺术风格的最高概括，也是对他们崇高人格的赞颂。郑板桥独创“六分半书”，楷隶相参，杂以行草，夹以篆籀，渗以兰竹画意，人称“乱石铺街”体，呈现出一种和谐而奇特的美，而这正是郑板桥怪异个性的生动展现。

（3）多样化的形式美：书法艺术主要体现形式的美，包括：字体美、笔法美、章法美、结构美等。书法艺术的基本技法和表现形式，主要是用笔、用墨、结构、章法等几个方面。“用笔”，是指行笔的方式、方法及其所产生的效果。执笔的高低、轻重，运笔的急缓、方圆，笔锋的藏露、顺逆，点画的长短、粗细，笔法的力感、质感等，都需要精到的用笔才能实现。“用墨”，是指以墨的着色程度，如浓淡、枯润等，要使墨色富有变化。“结构”，是指字的结构，以及每个字的大小、疏密、斜正等。“章法”是指作品的总体布局，即整幅字从总体上看应当错综变化、疏密相间，具有节奏和气势，从而体现出整幅作品内在的神韵（图6-4）。

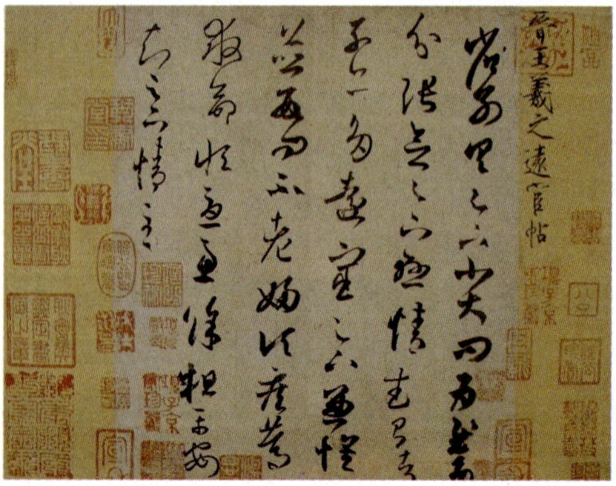

图6-4　王羲之作品

此外，书法还吸收、融会了绘画、音乐、舞蹈等艺术的形式因素，具有多样化的形式美。例如，书法线条的形体的运动、姿态，富有舞蹈的动态美；运笔的轻重缓急、回转游动，显示出音乐的韵律美；整体结构如三维空间的建筑，颇有建筑美；“书画同源”，书法同绘画一样，具有生动的图画美。正因为书法同各类艺术息息相通，故而历来优秀的书法家无不具有广博的艺术修养，通诗书、精琴画，往往兼学者、文人、画家、艺术家于一身，并能触类旁通、兼容并蓄。

知识链接

书法艺术的种类

书法艺术包括篆书、隶书、楷书、草书、行书五种。

（五）摄影艺术

摄影是指采用摄影手段塑造可视的画面来反映生活、表现主题审美情感的艺术。

摄影是一门很年轻的艺术，它的产生有赖于近代科学技术的发展。自从1883年法国人达盖尔发明摄影艺术以来，摄影在技术与艺术两方面都有了迅速的发展，逐渐成为一门科学与艺术相结合的独立的艺术门类。摄影作为一种实用技术，被广泛地应用于人类现代生活的独立的艺术门类，被广泛地应用于人类现代生活的各个领域，如科学实验、太空探险、新闻报道和教育卫生等各个领域。但是，一般的摄影同艺术摄影并不一致，艺术摄影是将技术性与艺术性结合起来，主要不是为了实用的目的，而是为了审美的需要。摄影家必须善于精心选择最具典型性、审美性的瞬间，来揭示其内含的情感意蕴，满足人们的精神需求。

知识链接

摄影艺术的基本特征：①特定的时空；②纪实性、逼真性；③光与影的结合。

摄影艺术的分类：摄影艺术的样式和体裁繁多，按感光材料和画面颜色，可以分为黑白摄影和彩色摄影；按摄影器材和技术，又可以分为航空摄影、水下摄影、全息摄影、红外线摄影等；按题材来分，还可以分为新闻摄影、人像摄影、风光摄影、舞台摄影、建筑摄影、生活摄影、广告摄影、静物摄影等。

四 综合艺术美

综合艺术是指综合运用多种艺术的物质材料和表现手段，塑造同时作用于欣赏者视觉和听觉的艺术形象，在较广的背景中反映社会生活、表达思想感情的艺术。它不但是时间艺术和空间艺术的综合，也是视觉艺术和听觉艺术的综合，表现艺术与再现艺术的综合。综合艺术一般指戏剧艺术（包括戏曲艺术）和影视艺术两大类。

（一）综合艺术的审美特征

综合艺术共同的审美特征有以下三点。

1. 广泛而有机的综合性　各种艺术都有不同程度的综合性，但它们的综合性是部分的、有限的。而综合艺术的综合性则是广泛的，是向各种艺术的开放，并有机地将各种艺术融合为一体。这是综合艺术最本质的审美特征。这种综合性体现在以下几方面：

首先，从艺术作品自身的容量来看，综合艺术吸取了表演艺术、造型艺术和语言艺术中各种体裁的诸多元素，形成了一种新的艺术综合体。它既含有语言艺术中的文学因素（任何戏剧、电影等都离不开文学剧本作为基础），又含有造型艺术中的各种因素（如戏剧舞台或影视银幕上的布景、灯光、服饰、道具等都离不开绘画、工艺和建筑艺术，舞台上演员的某些静态姿势如戏曲中的“亮相”则是活的雕塑）。至于表演艺术的要素则在戏剧、电影中处处皆是，音乐、舞蹈及演员的表演动作几乎贯穿始终。

其次，综合艺术的综合性还体现在其创作的全过程。一部综合艺术作品的完成绝不像其他艺术只需要一两个艺术家独立进行，而是要依靠各类艺术的许多艺术家通力合作，几度创作，才能最终完成。例如，一出戏剧的正式出演，必须经由据作者、导演、演员、舞台美术工作者、化妆师、灯光效果人员、乐队演奏员等共同努力；至于电影的拍摄需要的艺术家就更多，还需摄影师、音响、效果、特技、制片等大批艺术人员的投入。

这里需要指出的是，综合艺术的这种综合性不是多种艺术元素简单的拼凑、混合，而是一种有机的组合，是一种重新融会、凝聚的创造。在这种创造中，任何单一的艺术成分都失去了它的独立性，而消融在新的艺术整体之内。例如，电影中的音乐，有的虽也可以作为独立的乐曲、歌曲存在，但它主要服从于电影情节、场景的需要，发挥它烘托气氛、渲染情感或代替任务抒情的作用，成为整个电影中的一个有机组成部分。

2. 以演员表演为艺术创作的中心　综合艺术的创作是一个庞大复杂的创作系统。然而，综合艺术最终的成功，它在观众中所产生的审美效应的好坏，主要取决于演员。在综合艺术创作的所有艺术家中，演员是核心、是关键，是综合艺术中的主导因素。剧本所构思的思想内涵，导演所提示的动作构想，最终都要靠演员的表演去体现；否则，前面的一切努力都将失去意义。

再者，演员在表演中绝不仅仅是被动地按照剧本和导演提供的要求去模仿。优秀的演员应当是在领会贯彻剧本和导演意图的基础上，充分发挥他的才智、技巧和想象力，把剧本中的“智能”全部挖掘出来，进行独立的再创作。正因此，同一出戏，同一个导演，不同演员的演出效果迥然不同。这也正是观众对演员的关心重视程度往往超出于编剧、导演的缘故。

3. 时空的再造性　综合艺术是表现与再现的统一，在再现社会生活、表现一定时空中流动变化的人物事件方面，它几乎可以同文学相媲美。它不同于文学的地方是可以把文学形象的间接性转化为艺术形象的直觉性，让人的视觉、听觉直接感受到，产生一种相当切实的逼真感。然而，综合艺术所创造的时空并非现实中真实时空的再现，只是一种假定的时空。由于综合艺术的表演要受到许多物质条件和演出环境的限制（如戏剧只能局限在舞台上，影视艺术虽可随处转移，但毕竟只能摄取场景的一角），不可能完全真实展示现实中的空间。在时间上，二者的差距更大，一出戏、一部电影只能控制在 2 小时左右（时间过长，观众会产生疲劳感，影响戏剧效应），而他们所要反映的真实时间往往要超出剧场时间的几倍、几十倍，有时两幕戏之间、两个电影镜头之间，时间跨度可以达几十年之久。这种艺术时空同真实时空的巨大错位，必然要求综合艺术在时空表现上要以压缩、转换、拆开、重组等方式进行再造。为了让观众在欣赏综合艺术时暂时忘却真实的时空，进入艺术的再造时空中，艺术家常常利用各种艺术手段（如戏剧中的分幕分场，采用象征性的布景道具，或用演员的动作来暗示，电影则多采用蒙太奇手法，是镜头不断切换连接等），营造一个虚幻而又具有真实感的再造时空。

（二）戏剧艺术

戏剧是以演员在舞台上的表演为中心，融合了表演、导演、文学、绘画、舞蹈、音乐和舞台技术等各种成分来塑造形象的一种综合艺术。戏剧是由原始的民歌、舞、诗三位一体的艺术活动发展而来的。西方的戏剧开始是诗剧，后来出现了对话为主的话剧和以歌唱形式表现的歌剧。我国最初的戏剧是汉代的“百戏”，宋元以来出现了把歌唱、宾白、舞蹈结合在一起的杂剧。20 世纪初期，话剧传到我国，促使我国戏剧艺术有了重大发展。

（三）戏曲艺术

戏曲是中国传统的戏剧样式，在我国的戏剧艺术中占有重要地位。它是一种载歌载舞、说唱并重，包含文学、音乐、舞蹈、美术、杂技、武术等各种因素的综合艺术。它起源于秦汉的乐舞、俳优和百戏，约在 13 世纪进入成熟期，与希腊戏剧、印度梵剧并称为世界上最古老的三大戏剧。中国戏曲和西方话剧虽同属于综合艺术，但各有不同：中国戏曲纯是古典风味，西方话剧更具近代特色；中国戏曲是优美的典范，西方话剧更倾向于崇高；中国戏曲偏重于表现写意，西方话剧侧重于再现写实。在表演体系上，中国戏曲也不同于西方的体验派和表现派，而倾向于二者的结合，可算自成一格。例如，梅兰芳的表演艺术是“我和角色的统一”，既要有“我”，又要有角色；既要有体验，又要有表现；既要有感情，又要有理智。这个中国古典美学的追求大体是一致的。中国戏曲是中华民族灿烂文化的重要组成部分，是世界戏剧舞台上的“东方之花”，具有独特的审美价值。

（四）电影艺术

电影艺术是人类艺术殿堂里继文学、绘画、音乐、舞蹈、雕塑、建筑六种艺术门类之后出现的“第七艺术”。它是在照相术发明以后，以文学、戏剧和绘画为基础，吸收了姊妹艺术的一些表现手法而发展起来的新的艺术种类（图 6-5）。它是以现代科学技术为工具与材料，运用镜头组接的表现手段，在银幕的时空里塑造运动的、声画结合的逼真形象来反映社会生活的一门综合艺术。电影从 1895 年法国的卢米埃尔兄弟创造无声电影到今天，只有 100 多年的历史，然而，随着科学和艺术的迅猛发展，它已成为当代艺术中最强大的一股势力而称雄于世界艺坛。

（五）电视艺术

电视和电影是姊妹艺术，合称为影视艺术。在所有艺术门类中，电视是最年轻的艺术。从 1920 年英国广播公司播放电视剧《嘴里叼花的人》算起，电视艺术的诞生至今才 80 多年。我国的电视艺术从 1958 年播放电视剧《一口菜饼子》算起，只有 40 多年。但是，电视艺术诞生之后，就显示了极为强大的艺术生命力，大有后来居上之势。随着电视技术的发展和电视机走进千家万户，电视艺术已成为拥有最多欣赏者的艺术样式，被称为“小电影”“家庭艺术”。

图 6-5　电影《霸王别姬》剧照

电视艺术是以电视传播为媒介，采用独特的表现手法和技巧，用来塑造形象、反映生活的艺术。它融合了多种艺术成分，特别是戏剧和电影的表现因素，其审美特征同电影较为相近。但其又具有与戏剧、电影不同的特性，如观赏的家庭化、随意性，画面多采用特写、近景、中景，清晰可见；故事情节精练集中，题材多贴近大众生活。内容丰富的电视剧还可以切割成多集连续剧，具有雅俗共赏、老少咸宜的艺术特性。观看电视连续剧已成为当今广大人民及家庭娱乐的最主要方式。

人类是在长期的生产劳动中认识了自身及自身以外的客观世界，也从自己的劳动成果中看到了自身的智慧和力量，并把它作为审美对象来欣赏，因此感受到精神上的满足和心理上的愉快。人体自身的结构具有均衡、对称、协调的自然美，但是如果人体自身的动态平衡遭到破坏，人体与环境不能相互适应，就会导致人体产生疾病或死亡。医疗和护理实践活动的产生源于人体维护健康和从事生产劳动的需要。

医护美的本质即人的本质力量在维护和塑造人体美的活动中的感性显现。维护和塑造人体美需要医护工作者、患者、医疗技术、环境、社会等各方面因素的共同协调作用。医护美的内容不仅包括医护工作者的内在美和外在美，还包括医护人员精湛的技术、高尚的品德，医院优美和谐的建筑环境和过硬的软、硬件设施以及患者在疾病斗争中所表现出来的信心、勇气和力量。

（三）医护美的研究对象

医护美学的研究对象是医学、护理学领域中一切美和审美及其规律，即医学美与医学审美及其规律，护理美与护理审美及其规律，这是医护美学研究的基本对象。

在医学美学中，医学人体美是医学美的基础，维护人体美、人的健康美和人的生命美是医学美的核心。医学是保护和增进人类健康，预防和治疗疾病的科学和实践活动。医学美的研究对象除了医疗实践、预防保健、医学美容、医院管理等方面的美学外，还涉及医学工作者的职业美、医德美，以及医护人员的审美修养、人体美、艺术美、健康美等内容。人是医学研究的主体，随着社会的发展和现代医学的进步，传统的生物医学模式已经被生物 - 心理 - 社会医学模式所代替，人的健康不仅仅是没有疾病，还需要有良好的心理状态和完善的社会适应能力。医学美学使医学美成为一种特定领域的美，这种美会对保证和增进人体美产生积极的影响。关注医学人体美及其规律的研究成为医学美学研究的主要任务。

护理美学的研究对象是护理实践活动中体现出来的一切美的现象及其发生、发展、变化的规律。对护理美学的研究应结合护理专业发展的趋势与特点，不仅将“人”作为研究的根本，更要注意联系现代护理学的四个概念“人、环境、健康、护理”等内容，将美学的一般原理充分应用于护理学的具体领域，关注护理对象的生理、心理、审美、文化等各个方面，从美学的角度，探讨护理的内涵、护理审美的观念、审美标准、审美教育与审美评价，阐述护理学中美的特性。

二 医护美的形成与发展

20 世纪 80 年代，在生物 - 心理 - 社会医学模式下，医学界、护理学界纷纷与美学“联姻”，运用美学的基本原理来解决医护工作领域中的美学相关问题，这是社会民众现实需要和美学思想历史发展的必然结果。医护美的形成与发展可分为医学美学与护理美学的形成与发展两个方面。

（一）医学美学的形成与发展

20 世纪 80 年代中期，一些高校为了培养大学生的正确审美观，积极开设美学讲座或美育课。开课的医学院校教师在研究美育课程如何联系实际时，发现医学与美学有不解之缘，从而思考如何把美学应用到医学之中，有人提出了开设“医用美学”课的设想。同时，国内一些期刊陆续发表了讨论医学领域中美学问题的论文。1986 年 4 月，在福州召开的华东地区医学院校德育教学协作会上，上海第二医科大学邱琳枝和江西宜春医学专科学校彭庆星不约而同地提出编写《医学美学》教材的建议，得到了与会同行的支持。经过 2 年的努力，于 1988

年6月出版了我国第一部以“医学美学”命名的教材。无独有偶，1987年11月，在山东泰安举行的德育学术研讨会上由北京医科大学丁惠荪和同济医科大学郑振禄共同提出了编写《医学美学》教材的建议，于1989年出版了我国又一部《医学美学》专著。

《医学美学》问世之后，很快引起了医学界的关注，之后相继出现了一批医学美容应用性专著，主要有高景恒的《实用美容手术》和王大枚的《简明美容外科手术学》等。这些学术专著的相继问世是医学美学理论与应用相结合的良好开端，为学科体系的形成和发展初步奠定了基础。1989年7月中华医学会第20届常务理事会决定批准成立“中华医学会医学美学与美容学会筹备组”，承认这一新学科。经过一年多的努力，1990年11月14日在武汉召开了全国第一次学术讨论会，并成立了“中华医学会医学美学与美容学会第一届委员会”。《医学美学》专著的出现、学会的成立，标志着医学美学与美容学科的初步形成。可以说，医学美学的产生是社会需求的反映，也是医学与美学发展的历史必然。30多年来，有关医学美学的专著、教材、期刊和学术团体等从不同侧面纷纷探讨和研究“医学美学”这门新兴的学科。医学美学的发展借助医学实践来概括、抽象、丰富和发展医学美学理论，美容医学的各门临床学科也需要由医学提供理论基础，医学基本理论与美学基本原理相融合的过程使医学美学不断地提高和发展，医务人员和社会民众的审美意识与审美修养也逐渐提高，人们在生活实践中不断认识美学，挖掘和评价医学美。

（二）护理美学的形成与发展

从历史的实践看，自人类社会诞生以来就有了护理活动。远古时期虽无“护理”一词，但是已有护理的实际活动表现，如抚育幼小、照顾伤患、处理死亡等。在我国医学史上，从原始社会到春秋战国时期，大约是古代护理的萌芽时期。原始时期的护理主要是对伤病患者生活上的关怀和照料，年长的妇女以温柔慈爱的方式通过天然的母爱方式赋予生灵，这是原始社会人们产生的一种自发的、朴素的护理审美思想。人类在生存与发展的过程中，人们从生、老、病、死的历程中都曾得到过相应的护理服务，在这些服务中包含了对人的躯体、精神的呵护，并将其艺术的内涵体现在蕴含人道主义精神的护理活动之中。

我国医学经典著作《黄帝内经》是第一部较系统地阐述中医理论的专著，也是我国第一次将护理学与美学结合起来的典范，从而奠定了护理美学在中医护理中的地位。唐代名医孙思邈在《备急千金要方》中对医护人员的内在美、外在美、行医施护的目的及指导原则等进行了较为详细的论述，并明确指出医护人员的自身美是提高医护质量的必要条件。明清时期，护理实践得到进一步发展，消毒隔离、物理治疗技术广泛运用，人们越来越注意到护患关系协调美的意义。19世纪中叶，鸦片战争以后，西方护理美学思想的融入促进了我国护理美学的发展，医院的环境、护士的服装、护理操作规范与护理学相关教材等均带有了明显的西方色彩。

1860年，南丁格尔创立护理学，她倡导从事护理工作的人应该具有“高尚的品格、相当的专业知识、专门的操作技能”的专业思想，并将专业理论与艺术、伦理等作了有机的结合，为护理美学的形成与发展奠定了基础。20世纪以来，护理学科的发展日新月异，护理工作也被赋予了更多的美学内涵。1980年，美国护理学会将护理的概念修改为“护理是诊断和处理人类对现存的和潜在的健康问题的反映”，并明确指出护理工作的对象应包括已经患病的人、尚未患病但可能患病的人、未患病但有健康需求的人。这些赋予了护理美学义不容辞的历史使命，也给护理美学的发展带来了机遇。

1989年，第一部《实用护理美学》出版以来，全国已经有20余所院校的护理专业开设了

“护理美学”课程，护理美学在临床护理的运用与实践中也广泛地开展，涌现出越来越多的相关学术论文与护理美学专著。21 世纪以来，“整体护理”和“以人的健康为中心的护理”的护理理念要求护理人员除了加强对患者自身的关注外，还需要关注患者所处的环境、患者的心理状态以及物理因素对患者疾病康复的影响等方面。护士用美的语言、行为、仪表和环境为患者开辟美的精神境界，使患者心悦诚服地接受护理服务。将美学的自然美、社会美及艺术美有机地融入现代护理实践活动中，也成为护理学科发展的重要标志。

随着社会经济水平的不断提高，科学技术的不断发展，人们对护理美的要求也越来越高，护理美学已经成为护理高等教育中不可缺少的专业理论课程，并逐步向应用领域拓展，成为一门年轻而独立的学科。

三 医学美学与护理美学

医护美学可分为医学美学与护理美学两部分，二者既有联系又有区别。医学美学是将美学的一般原理用到医疗卫生实践和医学科学研究之中，应用医学手段来研究、维护、修复和再造人的健康之美，以增进人的生命活力美感和提高生命质量为目的的交叉学科。护理美学是指运用美学的基本原理、原则和观点，从护理的角度研究人们维护和塑造人体美的进程中表现出来的护理美的现象和护理审美规律的一门新兴交叉应用学科。

医学美学与护理美学的学科理论均来源于美学与医学、护理学的基本理论，是医学、护理学基本原理与美学基本原理的相互渗透和有机结合，二者均属于人文学科的范畴，医学美学和护理美学分别为医学科学、护理学中的一门独立的学科。但是二者的研究内容却有所不同，医学美学是研究医学领域中的各种医学现象和医学审美规律、医学审美关系、改善和建设医学审美环境和条件等；它注重医学人体美的形式、发展、变化的自然因素和社会因素。护理美学研究护理领域中的各种护理美现象和护理审美规律、护理职业形象美、护理审美关系等，从护理学角度改善和建设护理审美环境和条件；它侧重和围绕“增进和保持健康”这个中心点，诊断和处理人类现存的健康问题的反应。

第 2 节　医护人员的职业美

医护人员良好的形象、得体的妆容、适度的肢体语言、亲切的话语以及对患者尊重的态度等都将对于良好地处理医患关系起到积极作用。医护美通过医护人员规范、适度、得体的言谈与举止，如同一剂良药让患者心理上得到安慰与关怀。同时，医护人员的形象美是医院整体形象的重要组成部分，也直接影响社会对医护工作的评价。医护人员美的言谈举止、美的动作、美的妆容、美的品德等都是内在美与外在美的和谐统一，它们共同构成了医护人员的美好职业形象。

一 医护人员的内在美

内在美即心灵美，是人类社会生活美的核心，一个人只有具备了崇高美好的心灵，才能创造美，为社会做贡献，从而体现自我价值。医护人员的内在美主要指医护人员在为患者防病、治病，提供健康服务时所表现出来的高度道德责任感、人道主义精神及无私奉献的精神。

医护人员的内在美主要包括：

（一）高度的道德责任感

医护人员的道德责任感是指医护人员在其职业活动中对本职工作和服务对象尽心负责的道德情感，它是医护人员义务的具体化。在医疗实践的过程中，医护人员应急患者之所急，想患者之所想，始终把患者的利益放在第一位（图 7-1）。在临床实践中医护人员应同情并帮助患者，对工作认真负责，对待患者要细心、耐心，富有同情心和责任心，对病情尽快检查确诊，对治疗与护理要高度负责，操作技术要熟练，对危急患者要及时抢救等，树立良好的医德、医风（图 7-2）。

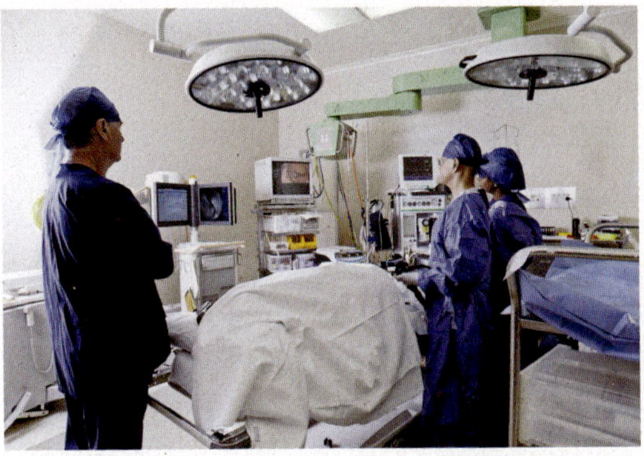
图 7-1　医生专注地为患者作腹腔镜手术

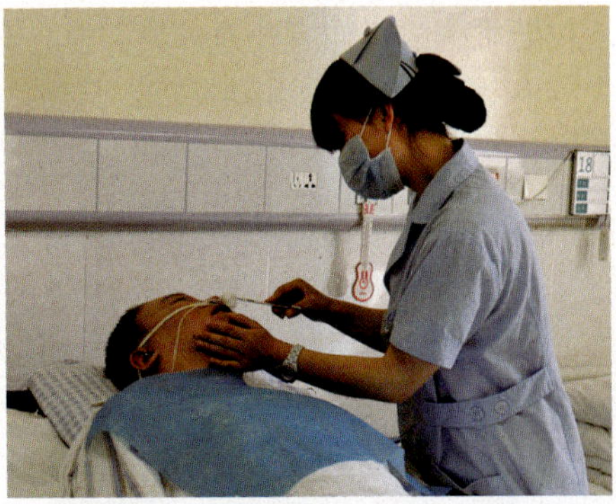
图 7-2　护士为患者作口腔护理

（二）人道主义精神

医护人员在临床的医疗护理过程中应重视患者的生命，关心、同情患者的疾苦，积极地为患者解除痛苦与不适，并发现、治疗已有的和潜在的健康问题，充分发扬人道主义精神，全心全意为患者服务。我国唐代著名的医学家孙思邈在他的《大医精诚》里说过一段有名的话："凡大医治病，必当安神定志，无欲无求，先发大慈恻隐之心，誓愿普救含灵之苦，若有疾厄来求救者，不得问其贵贱贫富，长幼妍媸，怨亲善友，华夷智愚，普同一等，皆如至亲之想，亦不得瞻前顾后，自虑吉凶，护惜身命，见彼苦恼，若已有之，深心凄怆，勿避险巇、昼夜寒暑，饥渴疲劳，一心赴救，无作工夫形迹之心，如此可做苍生大医，反之则是含灵钜贼。"在社会主义和谐社会中，医护人员更应发扬社会主义的人道主义精神，尊重服务对象的人格，关心和同情患者，竭尽全力防病治病，救死扶伤。

（三）奉献精神

医护人员的奉献精神是指医护人员在医疗实践活动中，在必要时，要不惜牺牲一切，甚至是自己的生命；也指医护人员为了救治患者的需要，不辞劳苦，忘我工作的精神。奉献精神是一种高尚的自我牺牲精神，是医护人员崇高的思想境界。1999 年被美国人民投票选为 20 世纪最受尊敬人物榜单之首的特蕾莎修女，以博爱的精神，默默地关注着贫穷的人，使他们感受到尊重、关怀和爱。她没有高深的哲理，只用诚恳、服务而有行动的爱，来医治人类最严重的病源：自私、贪婪、享受、冷漠、残暴、剥削等恶行，也为通往社会正义和世界和平开辟了一条新的道路。1982 年，在贝鲁特难民营遭围攻的紧要关头，德兰修女斡旋以色列军与巴勒斯坦游击队之间实现暂时停火，并因此得以从一座处于交战前线的医院中成功救出 37 名孩童，并穿越交战区域前往被损毁的医院，疏散年轻病患。古今中外也有像特蕾莎一样的许多医学家，为了探索医学的真谛，为了患者的利益，不惜牺牲自己，来寻求医疗的正确途径，不仅促进了医学事业的发展，也为后人留下了宝贵的精神财富。

二 医护人员的外在美

医护工作者的外在美是心灵美的反映和体现。医护工作者的言谈举止、仪表仪态，无一不对患者产生相应的心理反应。如果医护工作者举止浮躁，言语粗鲁，必然会引起患者焦虑失望，甚至会加重病情。反之，医护人员得体的仪表，礼貌的语言、文雅的举止将有利于和患者进行良好的沟通，得到患者更多的信赖和护理工作中的配合。

医学是追求美、创造美的科学，其救死扶伤、维护健康的神圣职责本身就闪烁着美的光彩，它不仅要求医护工作者要追求美，创造美，而且要通过自己美好的语言、行为、风度、仪表等去感染激发患者追求和向往美，调整心理平衡，促进身心健康。

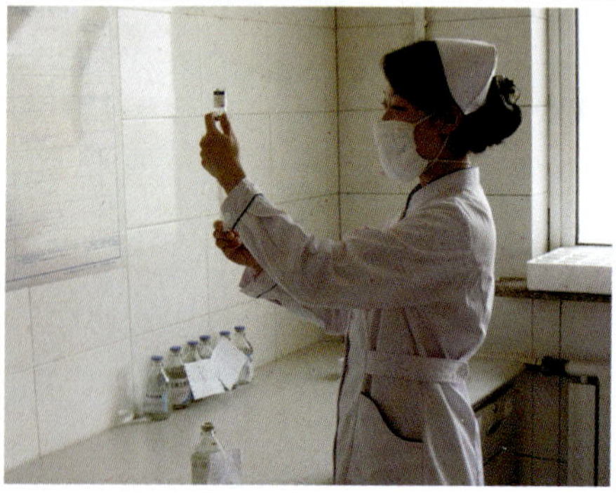

图 7-3　护士工作仪表

（一）仪表美

仪表指人的服饰、发式等综合性的外部表现，它似一种无声的语言，传递出一定的信息。医护人员的仪表美是自身审美意识与美好心灵的外在表现，它能充分显示医护人员的精神面貌和积极向上的气质。医护人员的仪表美会给患者良好的心理刺激，也是与患者交往时极重要的人际吸引。因此，在医疗活动中医护人员应根据美的规律努力构建端庄、整洁、典雅、实效的仪表，如图 7-3 所示。

知识链接

医护人员仪表规范

一、着装

1. 医务人员工作期间，必须按规定统一穿着岗位服装，禁止外着休闲或花色艳装上岗。

2. 医务人员应衣帽整洁，衣扣齐全；女性裙长不超过白大衣，不穿花色裤袜；夏季男性工作服下不得赤腿。

3. 医疗工作时间不得穿拖鞋（手术室及特殊检查科室除外）、高跟鞋、响底鞋。

4. 不得穿岗位服装去食堂就餐、外出办事、购物等。

二、仪容

1. 女性应淡妆上岗，严禁浓妆艳抹，不得在门诊、病房等公共场所当众化妆。

2. 上班时间不戴耳环、戒指等饰物。

3. 头发干净整齐，男性发不过耳，女性发不过肩。男性医护人员不留长须。

三、工作标志

全院上岗工作人员穿岗位服装要佩戴胸卡，胸卡佩戴在左上胸前，不能翻戴或插在衣兜里。

（二）举止美

医护人员与患者沟通时，举止礼仪对医患之间思想和情感的交流起着重要作用。医护人员良好的举止礼仪，能直接反映出一个人的内在修养，在人际交往中有着非常重要的定向作用。医护人员的举止要符合一定的行为规范，要做到“站有站相，坐有坐相”。

1. 站姿　又称立姿或站相，指的是人在站立时所呈现的姿态，是人最基本的姿势，同时也是其他一切姿势的基础。良好的站姿能衬托出美好的气质和风度，给人以挺拔笔直、舒展大方、精力充沛、积极向上的印象。

医护工作人员的站姿应该体现出医护人员的稳重、端庄、礼貌、挺拔、有教养，显示出其静态美，这是培养优美体态的起点，也是发展不同质感动态美的基础。医护人员的基本站姿为头正、颈直、挺胸、收腹、下颌略收。具体要求：头正、目光直视正前方、下颌略内收，面部微笑、颈部直立、双肩放松并打开、挺胸、收腹、双臂自然下垂、立腰、提臀、双腿并拢、双膝间无缝隙。

女性医护人员常见的站姿有"V"字步站姿和"丁"字步站姿。"V"字步站姿：呈基本站姿，脚跟靠拢，两脚尖平行，两脚尖的距离约 10cm，其张角约为 45°，呈"V"字状，双手叠放或相握放在腹前（图 7-4）。

"丁"字步站姿：在"V"字步的基础上移动任意一只脚，将移动的脚后跟靠近后一只脚的脚弓，使其成 90°，双手叠放或相握放在腹前（图 7-5）。

图 7-4 "V"字步站姿

图 7-5 正位"丁"字步站姿

侧位"丁"字步站立姿态：要求身体各部位协调即可（图 7-6）。

男性医护人员常见的站立姿势：呈基本站姿，双脚平行，也可调整为"V"字形，双手下垂于身体两侧，或双手交叉放于小腹前，也可以将双手放在背后（图 7-7）。

图 7-6 侧位"丁"字步站姿

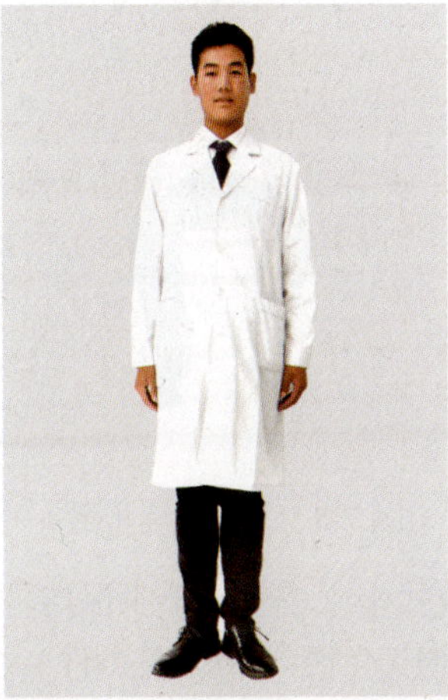

图 7-7 男士"V"字步站姿

正确训练站立姿态的方法可以帮助纠正不良的站姿，常见的站姿训练方式主要分为两种：靠墙法和背靠背法。具体训练要领如下：

（1）靠墙法：训练者按照礼仪规范中站姿的要求站立，站立时其头的后部、双肩背部、臀的后部、双脚跟的后部与墙壁相贴，即训练者后脑、双肩、臀、小腿、脚跟九个点紧靠墙面，并由下往上逐步确认姿势要领。

（2）背靠背法：即两位训练者按照礼仪规范中站姿的要求背靠背站立，具体要求训练者双方头的后部、双肩背部、臀的后部、双脚跟的后部相贴。

在训练时，每天训练两次，每次训练时间为15～20分钟。另外，女士训练时要求脚跟并拢，脚尖分开不超过45°，两膝并拢；男士训练时则要注意双脚分开站立与肩同宽。训练时还应该注意做到立腰、收腹，使腹部肌肉有紧绷的感觉以达到训练目的；更要注意收紧臀部肌肉，使背部肌肉也同时紧压脊椎，感觉整个身体在向上延伸，从而达到训练正确站姿的目的；同时，要注意做到挺胸，双肩放松、打开，双臂自然下垂于身体两侧；最后要注意的是站立训练时使颈部有向上延伸的感觉，双眼平视前方，脸部肌肉自然放松。

2. 坐姿　即人在就座之后所呈现出的姿势。它是一种静态的姿势。生活中无论工作、学习、参加公众活动或私人晚宴都需要高雅、得体的坐姿。无论哪一种坐姿都应端庄、自然、稳定，以展示自己从容、稳重的风度。

医护人员的基本坐姿：在站姿的基础上，躯干部挺直，下颌略内收，两肩略外展，挺胸，表情自然亲切，目光柔和平视，嘴微闭，两腿自然弯曲，上身与大腿、大腿与小腿之间均成90°，双膝并拢，脚跟靠紧，脚尖对向正前方或侧前方，双脚可以并拢、平行，也可一前一后并使躯干部与大腿部成一直角。女性医护人员两腿若斜放时，与地面构成45°角为佳。只落座椅子面的1/2～2/3，双手交叠自然地放在大腿上，两手心朝下或放在胸前桌面上，或扶住座位扶手；男性医护人员可双脚打开与肩等宽，双手分别置于两腿近膝部位。

（1）基本坐姿：躯干、背部挺直，下颌略内收，挺胸；双膝、双脚并拢，坐位适度（图7-8、图7-9）。

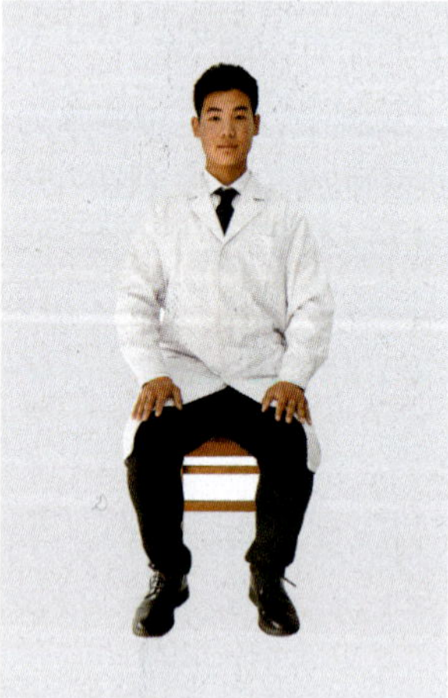

图7-8　基本坐姿（男）

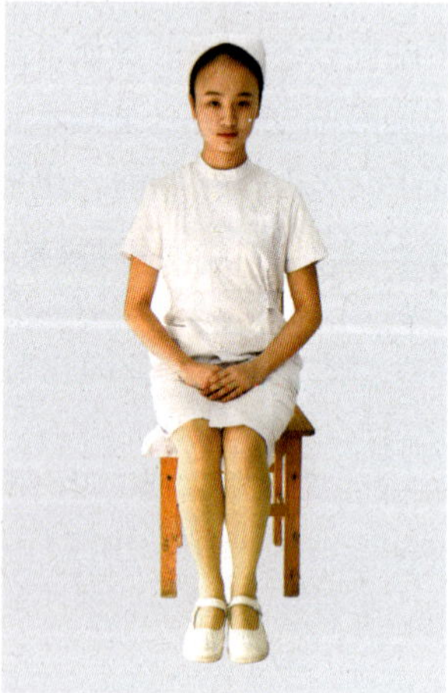

图7-9　基本坐姿（女）

（2）双腿叠放式坐立姿势：上身保持坐姿，入座后两腿交叉叠放垂地，注意悬空的脚尖应向下，脚尖不应朝天（图7-10、图7-11）。

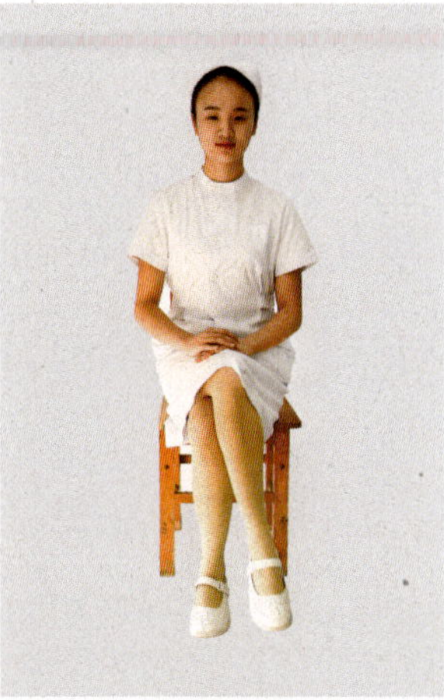

图 7-10　双腿叠放式（男）　　图 7-11　双腿叠放式（女）

（3）双腿叠放平行式坐立姿势：上身保持坐姿，入座后两腿叠放成一条直线，双脚与地面成 45° 斜放，展现出腿的修长美。适用于较低的椅位（图 7-12）。

（4）双腿斜放式坐立姿势：双腿并拢，两脚同时向左侧或向右侧斜放，与地面成 40° 左右的夹角，两手重叠置于左腿或右腿上，形成优美的“S”形，适用于较低的椅位（图 7-13）。

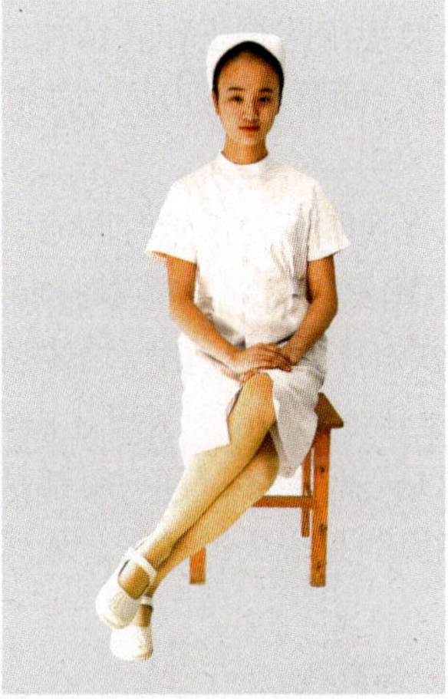

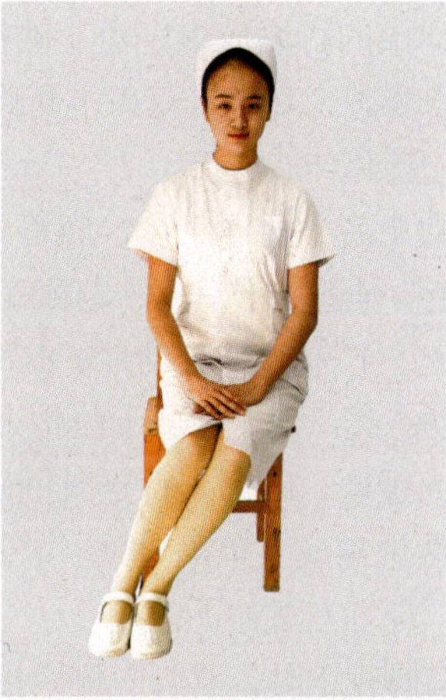

图 7-12　双腿叠放平行式　　图 7-13　双腿斜放式

（5）脚尖点放式坐立姿态

1）正位脚尖点放式坐立姿态：入座时，双脚自然垂于地面上，脚尖面对正前方，双脚一前一后，后脚脚尖落地，双手叠放在大腿上（图 7-14）。

2）侧位脚尖点放式坐立姿态：可左侧或右侧入座，双脚一前一后，后脚脚尖落地，双手叠放在大腿上（图 7-15、图 7-16）。

3. 行姿　是在站姿的基础上形成，是静态站姿的动态表现，行姿可以体现人的动态美感。中国古代对行姿的要求是“行如风”。形容美女的步态常用为“其形也，翩若惊鸿，宛若游龙”，意思是“她长得……体态轻盈柔美像受惊后翩翩飞起的鸿雁，身体健美柔曲像腾空嬉戏的游龙”，可见步态和行姿能达到的美的境界。

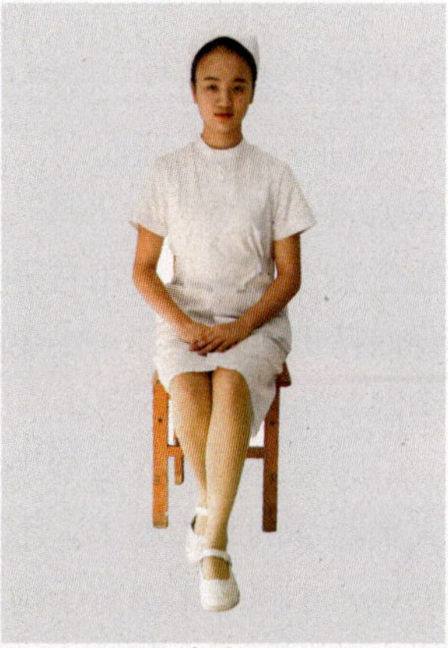

图 7-14　正位脚尖点放式

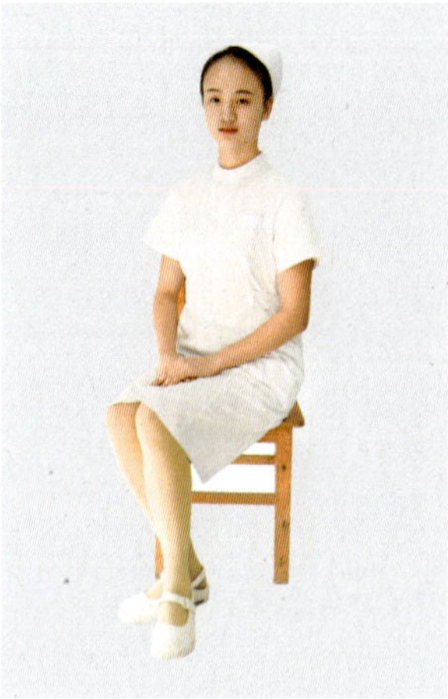

图 7-15　侧位脚尖点放式（右）

图 7-16　侧位脚尖点放式（中）

行姿的基本要领为昂首挺胸、全身伸直，起步前倾、重心在前，脚尖前伸、步幅适中，直线前进、自始至终，双肩平稳、两臂摆动，全身协调、匀速前进。

走路的美感产生于下肢有节奏的频繁运动与上体稳定之间所形成的对比和谐，以及身体的平衡对称。行走时，要做到出步和落地时脚尖都正对前方，抬头挺胸，迈步向前。

医护人员在工作中的行姿应该轻盈、敏捷，展现出医护工作者精神饱满、端庄、优雅、健美与朝气。以站立姿态为基础，双肩平衡略后展，两臂自然摆动，摆幅不超过 30°。行进时目标要明确，脊背和腰部伸展放松。

医护人员在抢救患者、处理急诊、应答患者呼唤时，为了抢时间应以“快步走”代替跑步的动作。“快步走”是适用于室内、走廊等不宜跑步的场所为赢得时间而采用的行走方式。行快步时，注意保持上身平稳，步态自然，步履轻快有序，步幅适度，增快频率。给人一种矫健、轻快、从容不迫的动态美。使患者感到医护人员工作忙而不乱，并产生由衷的信赖感。

行走的姿态尤为重要，因为人行走时间总比站立时间多，且一般都是在公共场所进行，人与人相互之间自然地构成了审美对象。“行如风”是说人行走时，如风行水上，有一种轻快敏捷自然的美感。训练方法如下：

步伐正直：左右脚行走时，双脚内侧缘接近一条直线。

步幅均匀：每步距离大约一脚长度。

步态轻盈：步行时，抬起的那只脚脚踝应向下用力，使脚掌与地面平行，起步时，身体前倾，全身重量落到前掌，同时抬起另一只脚。

4. 蹲姿　一般而言，“蹲”这个动作是指人体下蹲和取地上物品或从低位取物时的动作。欧美国家的人认为“蹲”这个动作是不雅观的，所以只有在非常必要时才采取。蹲姿的运用要优美、典雅。若用右手捡东西，可以先走到东西的左边，右脚向后退半步后再蹲下来。脊背保持挺直，臀部一定要蹲下来，避免弯腰翘臀的姿势。男士两腿间可留有适当的缝隙，女士则要两腿并紧，穿旗袍或短裙时，需更加留意，以免尴尬。

蹲姿是医护人员常用姿势的一种，如整理下层放物柜、为患者整理床头柜等。女性医护人员蹲姿的基本要求：下蹲时左脚在前，右脚稍后（不重叠），两腿靠紧向下蹲。左脚全脚着地，小腿基本垂直于地面，右脚脚跟提起，脚掌着地。右膝低于左膝，右膝内侧靠于左小腿内侧，形成左膝高、右膝低的姿势，臀部向下，基本上以右腿支撑身体（以上左右可以相互换位），如图 7-17 所示。男士选用这种高低式蹲姿时，两腿之间可有适当距离。

知识链接

医护人员在工作中还需要注意持物与递接物品的举止礼仪。

持物主要包括持治疗盘和病历夹等。持治疗盘时应双手托着治疗盘的底部及两侧，肘关节为90°屈曲，治疗盘距离护士胸骨柄前方约5cm，同时夹紧肘关节。持病历夹时，左手持病历夹右缘上1/3或1/2处，放在侧胸上部1/3处，右手托住病历夹的右下角，病历夹与身体成小锐角。

递接物品时将物品正面向着对方，双手递上。递笔和剪刀时，应把尖头部位朝向自己。接受对方双手递过来的物品时，应从座位上站起，双手去接，同时致谢或点头示意。

图7-17　高低式蹲姿

（三）语言美

语言是人们在社会生活中广泛运用的交际工具。医护人员的语言不仅密切影响与患者的关系，同时也是进行心理治疗和心理护理的重要手段，是影响疾病发生、发展的重要因素。因此，医护人员的语言艺术修养很重要。医护人员的语言应用应规范准确，讲话时要低轻，语速缓慢，语气温和；语言要富有情感，以达到同情、尊重、信任患者的效果；语言要文明，并可适当运用手势和表情加强语言效能。

古希腊著名医生希波克拉底曾说过，医生有两种东西能治病，一是药物；二是语言。诚恳、体贴、美的语言对于患者来说犹如一剂良药。现代医学模式要求医护人员对患者多加启发、开导、劝说、鼓励，用科学的解说解除患者的精神负担和顾虑，这就发挥了语言“治疗”作用，能收到医药不能达到的效果。长眠在纽约东北部的撒拉纳克湖畔的特鲁多医生的墓志铭上写着简洁而富有哲理的三句话，“有时是治愈，常常是帮助，总是去安慰”，可见医护人员的语言修养对于患者的重要作用，这句铭言也体现了当代饱含人文精神的医学科学与医疗服务宗旨。

医护人员在工作中需要使用文明的语言、规范的语言，还要适时使用赞美的语言，从而促进形成良好的医患关系与医疗氛围。

1. 使用文明的语言　马克思说，“语言是思想的直接体现”，这说明语言和思想是密切相关的，人的语言是人品的一面镜子，医务工作者服务于人，应让患者从语言中感受到医者高尚的思想品德和良好的文化修养。

文明、得体、谦和、有礼貌的语言，能使患者心平气和，思想乐观，信任医护人员，乐意成为医护人员的朋友，并积极地配合治疗。如在工作中称呼患者时，使用患者喜欢听的称谓而不是以床号、编号代称，为患者进行护理治疗时采用商量的口吻而避免命令式的语气，对患者因受疾病折磨吵闹或不配合，给予耐心的安慰和正面的诱导而不是训斥、顶撞等，这种温良谦逊的态度和文明礼貌的语言，可以转化为巨大的精神力量，增强患者战胜疾病的信心。

同时，医护人员的语言对患者来说，无疑是具有一定的权威性和暗示性的。暗示可以在人的机体中引起相当大的心理与生理变化，可以致病或使病情加重，也可以治病或减轻病情。因此，医护人员与患者进行语言交流时，一定要注意方式方法，讲究说话的艺术，尽可能发挥语言暗示治疗作用，避免言辞不当给患者带来的不良刺激，力争给患者以良好的心理感应和精神抚慰。这种良好的心理感应往往能转化为取得患者信任的“催化剂”，患者一旦对医护人员产生信任感，就会积极地给予配合，乐意接受检查和治疗，毫无顾虑地向医护人员倾吐心声。

只有这样，医护人员才可能全面、深入地了解病情，才能进行有效的治疗，使医患关系健康发展。

2. 使用规范的语言　美的语言首先是科学规范的语言。高尔基说："作为一种感人的力量，语言的真正的美，产生于言辞的准确、明晰和动听。"因为只有科学规范的语言，才能将思想感情表达得正确恰当，不致词不达意或引起误解。

医护人员的言语是一种什么人也替代不了的影响患者心灵的工具，它要求医护人员对语言一定要高度重视。医护人员的语言一方面要能表现出对患者善意的关怀与同情，还要注意语言的规范性及科学性。在与患者谈到有关疾病的内容时，切不可主观臆断、信口开河，要有科学依据，措辞要准确严谨，充分体现医务工作者的职业特点，遵循临床医学语言的准确性、解释性、安慰性、暗示性和教育性等科学原则。

知识链接

卫生行业服务用语规范及禁语15例

一、应尊重对方，做到礼貌、客气、称呼准确，必须使用"请""您""对不起""谢谢配合"等文明用语。禁止使用让人感觉不尊重的命令式和无称谓的语句，如：

1. 嗨，×床！（不称呼姓名）。

2. 没到××时间，都出去！

3. 在这儿签个字，快点！

二、应理解、体谅对方，不刺激对方，不激化矛盾；善于启发对方，消除心理压力和不稳定情绪。禁止使用侮辱人格、讽刺挖苦，可能让人羞涩的语句，如：

4. 有什么不好意思的，都这份儿上了！

5. 这么大人，怎么什么都不懂！

6. 没钱就别来看病！

三、应一切为对方着想，耐心解释、语气和缓，解除对方的忧虑，也能"化干戈为玉帛"。禁止使用不耐烦、生硬的语句，如：

7. 你这人怎么事儿这么多！

8. 这儿交班（开会、结账）呢，外面等着去！

9. 上面都写着呢，自己看去！

四、应从对方的需要出发考虑问题，尽可能提供方便，帮助解决，不推卸责任，不"踢皮球"。禁止使用不负责任的推脱语句，如：

10. 这事别来找我，我不管（不知道）！

11. 快下班了，明天再说（我下班了，找别人去！没上班呢，等会儿再说！）。

12. 机器（仪器）坏了，谁也没辙！

五、应本着尊重科学，实事求是的态度解释说明情况，不要因为用词不当或闪烁其词，使对方产生困惑。禁止使用含糊不清，增加疑虑的语句，如：

13. 好坏谁也不敢说，没准儿。

14. 你的病也就这样了，回家想吃点什么就吃什么吧。

15. 也许不要紧（没关系）。

3. 使用赞美的语言　美国历史上著名的总统亚伯拉罕·林肯就曾坦言："人人都需要赞美，你我都不例外。"可见渴望赞美是每个人的心愿。另一位美国学者里欧·巴士卡里雅说过这样一句话，他说：“如果有人不停地对你讲，‘你很漂亮，你很漂亮！’如果有很多人都这样讲，那么你的举手投足就会按漂亮的人的标准去做，你会站得更直。相反，如果有人对你说：‘你真丑，真丑’，你的背就会越来越弯，人越缩越小，最后真的丑了。”

现代交往中，赞美已成为一门学问，能否掌握运用好这门学问已成为衡量个人交往能力的一项标准，因此，学会赞美也是医务人员职业道德修养的需要。在临床医务工作中，把握恰当的时机，给予恰如其分的赞美，往往能使医务工作开展顺利，得到患者的配合，而且还能同样收到患者对医护人员的肯定与赞美。如给一个儿科的患者做肌内注射时，可以赞美说：“小朋友真勇敢，扎针一点儿都不怕，将来一定会成为大英雄哟。”对老年患者也一样，要不失时机给予赞美，如协助他翻身时可以鼓励他说：“这次您配合得非常好，如果能坚持下去，您的病很快就会好的。”对陪伴老人的儿女也可以赞美说：“您老人家真有福气，儿女都这么孝顺，一定是您老教育有方，儿女才这么争气”。像这样的话，长辈、小辈听着都顺耳、顺心，自然也就对医护人员美的语言和温馨和蔼的服务感激倍增，配合有加。

总之，医护人员是真、善、美的化身，医护人员的道德修养与道德品质影响并决定其对待工作和患者的态度，影响着医务工作者的行为和工作质量。“不为良相，便为良医”，古往今来，医护人员备受人们尊重，作为医护人员不但要有精湛的医疗技术，救死扶伤的高度责任感，而且应自觉按照美的规律，塑造良好的职业形象，将内在美和外在美结合起来，不断提高医疗质量，使医学美学之花放射出奇光异彩。

第3节　医院的环境美

医院是人们生活中不可缺少的特殊服务部门，是实施医学功能的场所。医院就诊者在了解病情、配合治疗与护理的过程中，不仅与医护人员产生了人际关系，还与医院发生了审美关系。医院环境的优劣对就诊者接受治疗和康复的效果起着重要的作用。良好的环境可以使患者增强与疾病作斗争的信心，对生活产生追求和向往，积极配合医院的治疗与护理工作，从而达到良好的医疗和护理效果，增进舒适，有益健康。在现代社会，医院环境已经成为医院形象和竞争力的重要组成部分。

一　医学审美环境

环境是人类生存和活动的场所，环境美是社会发展和社会文明的需要。在人与环境的关系中，人是审美主体，环境是审美客体。审美环境是指由各种审美客体所构成的，能使审美主体产生美感的客观环境。

医学的功能在于治病和保健，服务于保障人的健康。因此，凡有利于人类产生和丰富其医学美的感受增进其身心健康的和谐的客观环境，就是医学审美环境。它包含三种基本类型：医院生理性审美环境、医院心理性审美环境、医院社会性审美环境。医院生理性审美环境着重满足人的“五官感觉”方面的审美需要；要求周围环境具有适合治疗和疗养需要的美丽的景色，悦耳的音响，适宜的光照，洁净的环境，美味的食物，清新的空气等客观条件。医院心理性审美环境着重满足“感觉的人性”方面的审美需要，即情感和伦理方面的审美需要；主要表现为医护人员对工作的热忱和细致、仪容整洁、表情亲切、态度和蔼、语言温和、举止高雅、技术精湛，以及医护工作秩序良好、人际关系融洽等方面。医院社会性审美环境着重满足人的高层次的审美需要，即自我实现的需要。由于疾病的原因，患者原有的社会价值受到冲击和影响，患者来到医院就诊和治疗是为了摆脱伤病，恢复正常的活动能力。因此，社会性审美环境要求医院职工礼貌待人、尊重患者、虚心接受患者的合理意见，并且对患者一视同仁，使患者感到自身与医院环境的和谐协调，提高治疗与康复信心。

二 医院的环境美建设

近年来，随着医疗行业的发展，医院逐渐开始重视医疗环境空间的营造，这不仅是对外提升医院品质的重要手段，还使医疗环境景观的辅助性治疗作用得以充分发挥。医院的环境美主要指医院周围绿化的自然景观、美的建筑及合理的布局。优美的环境是患者精神的需要，对患者的康复有着重要的作用。

（一）医院环境美建设的内容

医院环境美的建设可以分为室外环境建设和室内环境建设。

室外环境要优美洁净、景色宜人，给人以美的享受，以愉悦的心情接受现代化的医疗和护理服务（图 7-18）。在建筑美学的指导下，医院的建筑物应该有利于患者身心健康的需要，有利于防止院内交叉感染的发生，有利于医院内部的统一管理，符合医院整体布局的协调。医院的室外环境建设主要包括绿树成荫，草地平整，院内花园里百花争艳，喷泉长流，水池内鱼儿畅游，以及供患者调养身心的假山、长廊和亭台。

室内环境建设主要包括保持病室适宜的温度和湿度、空气新鲜、柔和充足的光线、适宜的音响、和谐的色彩、清洁且摆放合理美观的物品、安全齐备的设施等（图 7-19）。同时，医护人员也需要帮助患者建立和谐的病室人际关系，增强患者的心理舒适感，营造良好的病室人文环境。

图 7-18　温馨的医院花园

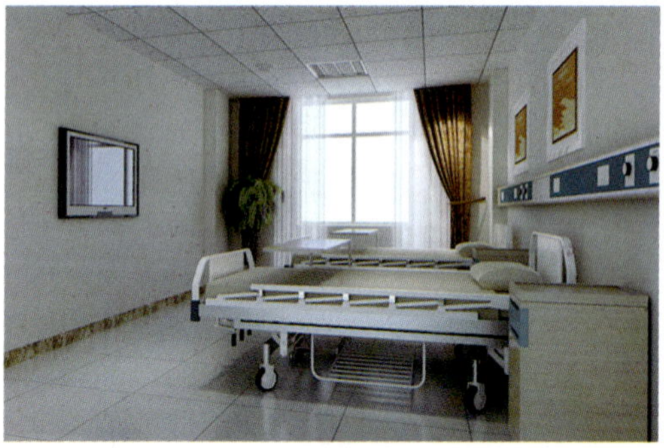

图 7-19　舒适的医院病房

（二）医院环境美建设的原则

每个医护人员都应努力创造安全、稳定、安静、洁净舒适、和谐统一的医疗和护理环境。

1. 安全的原则　疾病状态的患者需要安全感的满足，安全感的满足是美感产生的基础，所以医护人员应设法确保患者安全的需求。在临床实践中，医护人员应以其特有的细心和耐心为患者创造一个良好的治疗、护理和生活环境，使患者消除心理上的焦虑和不安，以愉悦、积极的情绪配合治疗和护理。

2. 稳定的原则　稳定又可分为动态和静态的稳定。动态稳定指护士的动作节奏适度、平衡。静态稳定偏重于视觉感受，以病房、病区正常状态为基础。从医院建筑方面来说，可以采用平行对称直线的组合，因为从线条的表现作用上看，它给人以平稳、严肃的视觉效果。病房的物品排列有序，患者的床位铺盖平稳，生活用品、医疗用品、抢救设备都应处于最佳状态。稳定可消除患者心理上的焦虑和不安，代之以秩序井然、心情舒畅的美感。

3. 洁静与舒适的原则　医护人员应注意保持病区的整洁安静，无噪声。开关门窗取放物品轻拿轻放，不穿高跟鞋、响底鞋，应根据气候的变化及时调节室内温度与湿度。适宜的温、湿度能使患者感到舒适安宁。"冬暖夏凉"的舒适环境使患者身心愉悦，有利于接受治疗和护理。室内放置花卉盆景也可给病室增添生机，给人以美的感受。医护人员还应保持床铺的平整，保持被罩、床单的清洁干净，被褥的松软干燥，使患者身体舒适，充分休息。

4. 和谐与统一的原则　医护工作中的和谐与统一主要表现在护士与患者、护士与医生、医生与医生、护士与病室环境以及病房的陈设、色调要协调一致（图 7-20）。医患、护患之间应建立良好的医患模式和护患模式，医生之间、医护之间、护士之间应相互支持，共同参与为患者服务。病室床位的摆放应整齐，桌凳应用统一色调，室内色彩搭配要与环境相协调。一般用中性浅色为主，护士应穿统一服装、鞋袜，处处都体现整齐，使形式和内容统一起来，使患者在和谐的环境中心情愉快，唤起对生活的热爱，产生美感。

图 7-20　整洁统一的医院走廊

第 4 节　美学在医护工作领域中的应用

社会的发展、医学的进步对健康和保健有了新的需求，人们不仅希望健康长寿，同时还要求拥有漂亮的容颜和健美的形体。医学美的存在和在此基础上产生的医学审美观点，随着医学的诞生而出现，并随着医学科学的发展和人类健康水平的提高，日益显示出其重要性。在医学美学、护理美学、美容医学等相关学科蓬勃发展的同时，美学在临床医护工作实践中的应用也在全方位、深入和广泛地开展着。

一　美学在治疗与护理中的应用

早在春秋时代，鲁昭公元年（公元前 541 年），晋平公得病，求医于秦，秦医在治疗时就对音乐与健康的关系有过深刻的论述，他明确地指出什么样的音乐对身心健康有利，而什么样的音乐对身心健康有害。《黄帝内经》提出的五音理论认为，五音与天、地、身、心相联系，与健康状况密切相关，把音乐的五个音阶（宫、商、角、徵、羽）与客观世界、人体身心互相联系起来。这与 2000 多年后西方的阿恩海姆的同构关系原理是不谋而合的。

当代医学正处在由生物医学模式向生物 - 心理 - 社会医学模式转变的特定历史发展中，新的医学模式力求满足人的生物、心理和社会适应的全方位需要，以达到健与美的高度统一的需要，这不仅导致了医学美学与医学美容学的形成和发展，而且还势必促使美学成为未来的医学学科结构中高层次融合的学科之一。医学美学的临床应用是以医学美学、美容医学整体学科理论和美容心理学为指导，运用医学审美心理或药物、手术、医疗器械以及其他具有创

斑治疗等美容皮肤技术，这些技术项目也被称为医疗美容技术。

知识链接

美容缝合是具有美容外科特色的一门技术，所有美容手术都必须使用美容缝合，这是决定美容手术成败的关键。美容缝合指使用细针、细线、减张力等一系列技术手段的缝合。若皮肤厚度不等，还应该遵循厚浅薄深的缝合原则，即从皮肤切口厚的一侧进针要浅，从切口薄的一侧进针要深，以便边缘对合平整，使得愈合后瘢痕粗细不明显。这既是医学原则，也是美学原则。

美学在整形与美容中的应用主要体现在美容外科的兴起和日益发展的过程中。美容外科是一门以医学美学为指导，通过外科手术的方法，对人体解剖和生理都正常的部位或器官进行修饰或塑造，以使人体的形体或容貌更加完美，同时达到心理上的新的平衡。当代著名整形大师米拉德教授说："美容外科是一门尖端学科，它是一项改善人体外形、增添人体美感，达到锦上添花目的的工作，它要求做到万无一失。"

日本学者鬼冢卓弥曾于1982年在《形成外科手术书》中称美容外科为"第四医学"。我国学者彭庆星教授也将医学美学及医学美容学定位为"第四医学"或"第四医学的前奏曲"。20世纪90年代初，孙少宣、彭庆星等学者在研究黄金分割律与人体美的关系时，发现健美人的容貌和形体结构中的11个黄金点、8个黄金矩形、6个黄金指数和4个黄金三角，同时，彭庆星教授还著文论证了"人体美是黄金线天然集合"的著名观点。黄金线被大量地运用于美容整形外科、口腔医学、环境医学甚至药物治疗等医学领域中，使黄金分割这一古老的美学课题焕发了现代医学新的活力，发挥出了其应有的医学审美效果。

俗话说"以貌取人"，可见一个人的容貌美在人体审美中的重要程度，而容貌也是人体最袒露、最直观、最重要的审美部分。面部整形外科就是在正常的面部器官或部位的基础上进行美的加工和塑造，以改进面容形态，使之更接近标准，更美观和谐。在面部手术设计时，不仅应遵循五官比例的"黄金分割""三停五眼"等美学规律，还要与手术对象的年龄、气质等相适应，讲究对称、均衡与和谐。例如，行重睑术时，要求两侧重睑线的弧度、高低、宽窄大致对称，不可一侧高，一侧低，一侧宽，一侧窄。重睑线的类型也要根据手术者的眼型而定，要与整个面容和谐统一。其他常见的面部整形美容手术还有文眉、文眼线术、去眼袋术、上睑下垂矫正术、隆鼻术、大鼻头缩小术、唇变薄术、招风耳矫正术等。

此外，根据面部美容整形手术的实施部位与范围，手术切口设计的美学因素一般要考虑切口的长度、形态及位置三种因素。切口的手术设计原则、沿皮肤的刀口纹理和肌纤维走向方向设计都应符合美学设计标准。例如，面部瘢痕手术，位于额部者尽量设计成横向切口，鼻唇沟处设计应以与鼻唇沟平行切口为宜，使手术后切口愈合痕迹隐藏于额纹和鼻唇沟内部，以获得更好的美容整形效果。切口的长度取决于手术范围的大小，宁短勿长。切口的形态设计在临床实践中有直线形、弧线形、字形、"W"字形等。在面颊或额部若采用"W"字形切口，术后遗留多道曲折形态的线状瘢痕则不符合医学的美学要求。

医学美学与美容外科的专家学者们认为：追求健康的人体美和生命活力的和谐美是美容外科的临床目标，美容外科手术必须遵循最基本的美学原则，即创伤最小化原则、抛弃一切有害于人体健康的组织替代品原则、形态美与功能美辩证统一的原则，以指导医学实践的完美进行。美容外科设计的内容不仅仅包括人体眼部、鼻部、唇部、面部轮廓的美学设计，还包括面部年轻化的设计、乳房的美学设计及躯干与四肢的美学设计等内容。此外，近年来，口腔修复美学已广泛应用于颌面部的修复手术中，口腔医学美学也在治疗口腔疾病、消除症状、恢复功能的基础上，更加强调假牙的处理过程和美观效果，从而使口腔修复疗效达到较高的水平，形成功能修复和牙齿美容效果的统一。例如，金属烤瓷牙的广泛使用，既能体现义齿的牢固与美观，又可以使术者恢复良好的咀嚼和发音功能。

知识链接

面部微整形是近年来较为流行的一种安全、快速的面部整形疗法，它利用高端科技医疗技术，不需要开刀，使受术者在短时间内就可以修饰面部的缺点，变美丽、变年轻。面部微整形通常包括 A 型肉毒素除皱和瘦脸、填充剂（胶原蛋白、玻尿酸）注射、自体脂肪移植充填、面部吸脂、激光美白、注射伊维兰、注射美白针等内容。实施面部微整形一定要在正规的医疗机构进行，以免因产品质量及操作医师失误造成整形手术失败。

自 测 题

一、单项选择题

1. 医护美属于（　　）
   A. 社会生活美　　B. 自然美
   C. 艺术美　　D. 形式美
2. 医护人员的美好职业形象不包括（　　）
   A. 美的妆容　　B. 美的言谈举止
   C. 美的配饰　　D. 美的品德
3. 下列属于医护人员崇高思想境界的是（　　）
   A. 道德责任感　　B. 奉献精神
   C. 人道主义精神　　D. 医护人员的语言美
4. 下列哪项不属于美容外科设计的内容（　　）
   A. 双眼皮成形术　　B. 隆胸术
   C. 中医减肥术　　D. 眼袋去除术
5. 医院室内环境建设不包括（　　）
   A. 新鲜的空气　　B. 随意摆放的物品
   C. 适宜的温度和湿度　D. 和谐的色彩

二、判断题

1. 医护美的内容不仅包括医护工作者的内在美和外在美，还包括医护人员精湛的技术、高尚的品德，医院优美和谐的建筑环境和过硬的软、硬件设施以及患者在疾病斗争中所表现出来的信心、勇气和力量。（　　）
2. 在医疗实践中，医护人员始终把患者的利益放在第一位属于医护人员内在美的人道主义精神。（　　）
3. 医护人员的基本站姿为头正、颈直、挺胸、收腹、下颌略收。（　　）
4. 医护人员在抢救患者、处理急诊、应答患者呼唤时，必须跑步进行。（　　）
5. 在临床医务工作中，医护人员与患者沟通必须使用专业用语，说话严谨，在任何时候都不能使用赞美的语言。（　　）
6. 美容外科手术必须遵循抛弃一切有害于人体健康的组织替代品原则。（　　）
7. 医院社会性审美环境不属于医学审美环境。（　　）
8. 医护人员应穿统一服装，整齐划一，使医护美的形式和内容统一起来。（　　）

三、简答题

1. 简述医护人员的举止美。
2. 简述美学在临床护理工作中应用的主要表现。

四、案例分析题

某家医院的门诊大楼，导诊服务台旁，护士小王身穿洁白的工作服，侧身倚在服务台旁边，正在和一位熟人说话。这时，一位患者匆匆走过来，急切地询问护士小王，“请问检验科在几楼啊？”，护士小王微抬起头，不屑地看了患者一眼，说：“前面不是有指示牌嘛，自己看去。”说完，双手抱在胸前，又继续和那位熟人聊起来。

请分析：

1. 护士小王的言行举止是否符合医护美的要求？
2. 若有不符合之处，请指出并说明理由和正确的做法。

（李　青）

参考文献

艾伦·派普斯 . 2007. 艺术与设计基础 . 第 2 版 . 欧艳译 . 北京：中国建筑工业出版社
曹志明 . 2011. 医学美学与美容外科设计 . 北京：清华大学出版社
丹纳 . 1998. 艺术哲学 . 傅雷译 . 合肥：安徽文艺出版社
董学文 . 2017. 美学概论 . 第 2 版 . 北京：北京大学出版社
弗里德里希·黑格尔 . 1979. 美学 . 朱光潜译 . 北京：商务印书馆
弗里德里希·黑格尔 . 2017. 美学 . 第 3 版 . 寇鹏程译 . 重庆：重庆出版社
姜小鹰 . 2006. 护理美学 . 北京：人民卫生出版社
金正昆 . 2006. 礼仪金说Ⅰ . 西安：陕西师范大学出版社
金正昆 . 2008. 礼仪金说Ⅱ . 第 3 版 . 西安：陕西师范大学出版社
金正昆 . 2008. 礼仪金说Ⅲ . 西安：陕西师范大学出版社
金正昆 . 2008. 礼仪金说Ⅳ . 西安：陕西师范大学出版社
金正昆 . 2008. 礼仪金说Ⅴ . 第 2 版 . 西安：陕西师范大学出版社
李泽厚 . 1999 美学三书 . 合肥：安徽文艺出版社
李泽厚 . 2017. 华夏美学·美学四讲 . 北京：生活·读书·新知三联书店
凌继尧 . 2017. 美学十五讲 . 第 2 版 . 北京：北京大学出版社
刘德强 . 1996. 现代演讲学 . 上海：上海社会科学出版社
罗丹 . 2016. 罗丹艺术论 . 沈琪译 . 北京：中国青年出版社
孟唐琳，窦俊霞 . 2017. 美学基础 . 第 2 版 . 北京：化学工业出版社
欧阳学平 . 2015. 医学美学 . 北京：人民卫生出版社
任小红 . 2009. 实用护理美学 . 武汉：中南大学出版社
沙涛 . 2014. 医学美学 . 第 2 版 . 北京：人民卫生出版社
王宏建 . 2010. 艺术概论 . 北京：文化艺术出版社
王益锵 . 2001. 护理美学 . 北京：人民卫生出版社
肖京华 . 2008. 美学基础 . 第 2 版 . 北京：科学出版社
许自强 . 2011. 美学基础 . 第 3 版 . 北京：首都经济贸易大学出版社
杨辛，甘霖 . 2010. 美学原理 . 第 4 版 . 北京：北京大学出版社
叶朗 . 2009. 美学原理 . 北京：北京大学出版社
尤西林 . 2015. 美学原理 . 北京：高等教育出版社
朱光潜 . 2012. 悲剧心理学 . 北京：中华书局
朱光潜 . 2012. 谈美·文艺心理学 . 北京：中华书局
朱红 . 2016. 护理美学基础 . 第 2 版 . 北京：人民卫生出版社
朱立元 . 2017. 美学 . 第 3 版 . 北京：高等教育出版社
宗白华 . 2015. 美学散步 . 上海：上海人民出版社

《美学基础》教学基本要求

一　课程性质和课程任务

“美学基础”是高职高专学校临床、护理、检验等其他各专业共用的一门理论与实践相结合的课程，该课程的开设是实施大学美育的重要途径，是全面贯彻国家教育方针的重要内容。美学是以对美的本质及其意义的研究为主题的科学，它从人对现实的审美关系出发，以艺术作为主要对象，研究美、丑、崇高等审美范畴和人的审美意识、美感经验，以及美的创造、发展及其规律。美学涉及哲学、伦理学、心理学、文艺学和社会学等学科，是一门年轻的边缘学科。

本课程旨在使学生掌握一定的美学理论基础知识和应用技能，使学生懂得发现美、欣赏美，并利用美来塑造自己，促进学生思维的全面发展，培养丰富、健康的情感世界，增强辨别真、善、美与假、丑、恶的能力，从而提高学生的审美能力和综合修养，为今后的专业发展奠定基础。

二　课程教学目标

（一）职业素养目标

1. 提高认识美、发现美、创造美的能力。
2. 树立高尚的审美观念和审美理想，明是非、辨善恶、知美丑。
3. 具有健康的心理和认真负责的职业态度，能予服务对象以人文关怀。
4. 通过美的熏陶，培养健康、丰富的情感世界，树立高尚的道德情操。
5. 具有勤学善思的学习习惯、细心严谨的工作作风、较强的适应能力，团队合作的职业意识及享受好的沟通能力，关心尊重爱护服务对象。

（二）专业知识和技能

1. 掌握美学理论的一般概念、原理与原则。
2. 掌握自然美、社会美、艺术美的基本知识。
3. 了解美学的历史与发展、美感及审美的标准。
4. 掌握医学美学的作用和医护人员学习美学的意义。
5. 培养学生欣赏美、表现美和创造美的能力，提高美学修养和审美素质。

三 教学内容和要求

教学内容	教学要求			教学活动参考
	了解	熟悉	掌握	
一、绪论				
（一）美的产生	√	√		理论讲授
（二）美学的形成与发展		√	√	多媒体
（三）美育		√		
二、美感				
（一）美感的产生与发展	√			
（二）美感的概念与特征		√	√	理论讲授
（三）美感的心理学因素		√	√	多媒体
（四）美的基本范畴		√		
三、美的内容和形式				
（一）美的内容与形式的关系	√	√		
（二）形式美				理论讲授
1. 形式美概述		√	√	多媒体
2. 形式美的基本要素	√		√	
3. 形式美的基本法则			√	
四、自然美				
（一）自然美的产生与本质		√	√	
（二）自然美的分类		√		理论讲授
（三）自然美的审美特征		√		多媒体
（四）自然美的审美与欣赏	√	√		
五、社会美				
（一）社会美的内容与特征		√	√	
（二）人的美				理论讲授
1. 人的美概述	√			多媒体
2. 人的内在美	√	√		
3. 人的外在美	√		√	
4. 人的美的塑造		√		
六、艺术美				
（一）艺术美的概述		√	√	
（二）艺术美的欣赏				
1. 语言艺术美	√	√		理论讲授
2. 表演艺术美	√	√		多媒体
3. 造型艺术美	√	√		

续表

教学内容	教学要求			教学活动参考
	了解	熟悉	掌握	
4. 综合艺术美	√	√		
七、医护美				理论讲授 多媒体、实践练习
（一）医护美的概述		√		
（二）医护人员的职业美		√	√	
（三）医院的环境美	√	√		
（四）美学在医护工作领域中的应用		√	√	

四 学时分配建议（32 学时）

教学内容	学时数		
	理论	实践	小计
一、绪论	2	0	2
二、美感	4	0	4
三、美的内容和形式	4	0	4
四、自然美	4	0	4
五、社会美	4	0	4
六、艺术美	4	0	4
七、医护美	4	4	8
机动	2	0	2
合计	28	4	32

五 教学基本要求的说明

（1）教学基本要求主要体现当前职业教育“以就业为导向”“以学生为本”的特点，并与执业资格考试和执业技能认证等内容接轨，着重提高学生在未来医疗卫生行业相关工作中的职业能力和审美素养，促进高职高专院校临床、护理等专业学生培养目标的实现。

（2）各大院校在开展教学时，可结合本学校、本专业的具体情况必修或选修本课程；教学内容也可弹性选择。

（3）本课程为理论与实践相结合的课程，因此建议该课程的教学务必参照学时分配建议中实践课的内容有效开展实践教学。

自测题参考答案

第 1 章

一、单项选择题

1. B　2. C　3. C　4. A

二、判断题

1. √　2. ×　3. ×　4. √　5. √　6. ×

第 2 章

一、单项选择题

1. C　2. D　3. A　4. B　5. D　6. C
7. A　8. D

二、判断题

1. ×　2. √　3. ×　4. ×　5. ×　6. √
7. ×　8. √　9. √　10. √　11. ×　12. ×
13. √　14. √　15. ×　16. √

第 3 章

一、单项选择题

1. B　2. C

二、判断题

1. √　2. ×　3. √　4. ×　5. ×

第 4 章

一、单项选择题

1. B　2. D　3. D　4. C

二、判断题

1. √　2. √　3. ×　4. ×

第 5 章

一、单项选择题

1. C　2. C　3. D　4. C　5. D　6. B
7. C

二、判断题

1. √　2. ×　3. ×　4. √

第 6 章

一、单项选择题

1. C　2. D　3. D　4. A　5. C

二、判断题

1. ×　2. ×　3. ×　4. √　5. √　6. ×
7. √　8. ×

第 7 章

一、单项选择题

1. A　2. C　3. B　4. C　5. B

二、判断题

1. √　2. ×　3. √　4. ×　5. ×　6. √
7. ×　8. ×